创新型政府

构建公共与私人部门共生共赢关系

[英] 玛丽安娜·马祖卡托（Mariana Mazzucato） 著

李磊 束东新 程单剑 译

THE ENTREPRENEURIAL STATE
DEBUNKING PUBLIC
VS. PRIVATE SECTOR MYTHS

中信出版集团 · 北京

图书在版编目（CIP）数据

创新型政府：构建公共与私人部门共生共赢关系 /（英）玛丽安娜·马祖卡托著；李磊等译．-- 北京：中信出版社，2019.10

书名原文：THE ENTREPRENEURIAL STATE： DEBUNKING PUBLIC VS. PRIVATE SECTOR MYTHS

ISBN 978-7-5086-9954-7

Ⅰ．①创… Ⅱ．①玛… ②李… Ⅲ．①政府经济学－研究 Ⅳ．① F20

中国版本图书馆 CIP 数据核字 (2019) 第 015230 号

创新型政府——构建公共与私人部门共生共赢关系

著　　者：［英］玛丽安娜·马祖卡托
译　　者：李　磊　束东新　程单剑
出版发行：中信出版集团股份有限公司
（北京市朝阳区惠新东街甲 4 号富盛大厦 2 座　邮编　100029）
承 印 者：北京通州皇家印刷厂

开　　本：787mm × 1092mm　1/16　　印　　张：15.5　　字　　数：201 千字
版　　次：2019 年 10 月第 1 版　　印　　次：2019 年 10 月第 1 次印刷
京权图字：01-2018-8114　　广告经营许可证：京朝工商广字第 8087 号
书　　号：ISBN 978-7-5086-9954-7
定　　价：55.00 元

谨以本书献给我的母亲亚历桑德拉（Alessandra）女士，她坚定、慷慨和优雅的精神品质至今仍然深深地影响着每一位认识她的人，激发我们的意志和能力去认识世界、改造世界。同时也将本书献给我的父亲欧内斯托（Ernesto）先生，他在失去挚爱的情况下仍然以毫不减弱的战斗意志穷其余生孜孜以求真正的可再生能源——核聚变能。

致 谢

如果没有诸位同人的精神激励和集体付出，这本书是无法写出来的。

首先，最重要的是要感谢世界上两位最好的经济史学家——卡洛塔·佩雷斯（Carlota Perez）和比尔·拉佐尼克（Bill Lazonick）给予的交流与切磋的机会。卡洛塔的著作以及我们俩之间关于政府在技术革命不同阶段的作用的讨论，使得我对不同类型的“资本”（金融和产品）随着时间推移而转换其角色的思考不断深入。政府的作用是指导生产，而不是纯粹地进行投机。当然，创新需要一些投机——比尔一直非常谨慎地将之与“操纵”相区分。然而在这个方面，比尔的敏锐分析没有留下只言片语，只是告诫我们要把商业与市场区别开来，因此在使用“私人部门”一词时，我们大多数人都混淆了。比尔的著作注重资本主义生产结构的变化以及它与劳动力市场和金融动态的关系——这应该是所有对公司理论感兴趣的学生都需要阅读的；为了使资本主义生产更具包容性和可持续性，决策者对财政改革很感兴趣，他们也适合阅读此书。

其次，我还要感谢比尔向我介绍了他的两位最杰出的研究生奥内尔·图勒姆（Oner Tulum）和马特·霍普金斯（Matt Hopkins），他们为我提供了可能是最好的研究帮助。纳恩应用他对公司报告细致入微的研究弄清了政府向苹果公司提供了多少资金——无论是在基础技术方面，还是在前期融资方面。第五章没有他的帮助，我是写不出来的。马特具有对清洁技术的激情和敏感度——他既是学术上的专家，又是政治家，第六章和第七章没有他也是无法完成的。

我还要感谢卡耶塔诺·佩纳（Caetano Penna）、卡罗琳·巴罗（Caroline Barrow）和吉玛·史密斯（Gemma Smith），他们完成了辛苦的编辑工作。卡耶塔诺的知识背景既包括非正统经济学［另类教规（the Other Canon）理论框架］，也包括创新研究（他在博士论文中论述的汽车“过渡性理论”），这使他成为一个独特而又出色的宣传者和校对员。卡罗琳在加入苏塞克斯大学科学技术政策研究中心（Science and Technology Policy Research Unit，简写为 SPRU）后，立即沉浸于文稿的编辑和版式设计之中。她从不丧失耐心，甚至利用她职业舞蹈演员的经历对公共部门在艺术中的作用提供了有趣的见解。吉玛聪慧过人，深谙本书读者的动态，他给本书增加了新的导言，一定会引起强烈的反响。

再次，我很感激相关资金的资助，这让我有时间去完成手稿。由莱昂纳多·布拉马基（Leonardo Burlamagui）领导的福特基金会改革全球金融计划（Ford Foundation’s Reforming Global Finance）的资助让我受益匪浅，因为莱昂纳多自己的工作是用“知识治理”去“塑造”市场。确实是莱昂纳多与福特基金会激发了第一次会议和另一个由新经济思想研究所（Institute for New Economic Thinking，简写为 INET）资助的研究项目。兰迪·雷（Randy Wray）和我今天正在思考：如何汇集约瑟夫·熊彼特（Toseph Schumpeter）创新理论和海曼·明斯基（Hyman Minsky）金融理论的项目。这使我们了解金融在某种程度上可以转化为破坏性的工具，而不至于像目前对庞氏骗局般破坏性创作的痴迷。

其他朋友和同事也通过互动和反馈给我提供了灵感。我想提一下弗雷德·布洛克（Fred Block）、迈克尔·雅各布斯（Michael Jacobs）、保罗·南丁格尔（Paul Nightingale）和安迪·斯特林（Andy Stirling）。后两位来自苏塞克斯大学科学技术政策研究中心，是我的新学术伙伴。由克里斯·弗里曼（Chris Freeman）创立的苏塞克斯大学科学技术政策研究中心是我最有活力的工作环境之一。在这里，创新被认为是资本主义竞争的核心，而不是神话般的过程。无论是速度还是方向方面，它的研究都是"批判性的"。

最后，在过去的两年里，我有幸与世界各地不同的政策制定者密切合作，他们渴望听到经济学中的不同声音。在英国，我和戴维·威利茨（David Willettes，2010—2014 年担任英国政府大学与科学事务大臣）、前影子内阁商务大臣丘卡·乌马纳（Chuka Umunna）、影子内阁科学大臣池·翁乌拉（Chi Onwurah）以及安德鲁·阿多尼斯（Andrew Adonis）勋爵一起共事，受益良多，深受启发。威利茨将本书列为他的 2013 年首选书目，他说："该书作者阐释了美国支持创新的举措与其官方说辞相差甚远。"在欧盟委员会，我和彼得·德罗尔［Peter Droell，欧盟科研与创新总司（DG RID）创新局局长］共同探讨如何思考公共部门（"部门内部"和"部门之间"）的创新问题，激励我不仅探究政府潜在的"创新"职能，同时考虑如何在公共部门中建立创新型组织。

我还要向公共事务出版社（PublicAffairs）的克莱夫·普里德尔（Clive Priddle）及其同人表示感谢。他们一致认为《创新型政府》一书中的观点应该传到美国，让美国人清楚地认识到这些观点。他们的努力促成了本书在美国于 2016 年——正逢美国总统选举期间出版。

当然，我在这里列出这些同人的名字，只是为了表达敬意，至于因为我自己错误的、夸张的、挑衅的或者有些过激的观点而造成的一切后果由我本人承担。

赞 誉

客观而言，资本主义经济不是也不可能是静态的，更不会以缓慢的节奏扩张，它持续不断地被随时随地出现的新企业、新商品、新的生产方式或产业结构中的新的商业机会从内部革新。

——约瑟夫·熊彼特

和政客相比，商人有一套不同的观念，因此需要不同的解决方案。商人比政客温和得多，面对大张旗鼓的宣传，他们既兴趣浓厚又心生恐惧。他们容易被说服，稀里糊涂地成为“爱国者”，却一脸茫然，十分恐惧，从而缺乏积极乐观的心态。他们自命不凡，却又非常不自信，喜欢被人恭维。你可以和他们做任何你喜欢做的事，只要你把他们（包括大商人）看作“家畜”，而不是豺狼虎豹。他们没有得到正确的教导，接受的教育也未如你所愿。认为商人比政客更不道德，这种观点是错误的。如果你将商人的情绪搞得很糟糕，他们会变得粗暴、固执、惊恐（家畜如果没有饲养好也会有这些情绪），那么国家的负担将无法转移给市场，从而受到舆论的谴责。

——约翰·梅纳德·凯恩斯（John Maynard Keynes）

一个很普遍的认知错误是，政府机构肯定比私人企业少一些灵活性。也许在某些细节上确实如此，但是如果要采取重大的行动，那么肯定是集中控制更为灵活。也许你需要等上两个月才能收到某个政府部门的反馈信息，而一家私人企业可能需要花上20年时间才能走出需求下跌的阴霾。

——琼·鲁宾逊（Joan Robinson）

回顾20世纪50~60年代，当所有的资金都不得不被投放到基础科学领域的时候，那些所谓的风险投资都在哪里？绝大多数的企业融资都是后来才出现的。

——保罗·伯格（Paul Berg）

（1980年诺贝尔化学奖得主）

目　录

第一章 从危机意识到创新型劳动分工

第二章 技术、创新与成长

第三章 政府勇于承担风险：从“去风险”到“敢于面对风险”

第四章 美国创新型政府

导 言

善谋者谋其大

放眼全球，在过去很长一段时间内，包括发展中国家在内，许多国家都在效仿美国经济的成功之道。为此，这些国家都在审视“市场驱动”机制的威力。相比之下，欧洲和前苏联实行的似乎是一种陈旧的、国家驱动的机制。然而，美国实行的政策和展示的表象不尽相同。几十年来，美国一直倡导小政府及自由市场理念，同时却又运用政府的力量将大量公共资金引入科技创新项目，成为以往同其当前经济大获成功的基石。无论是因特网、生物技术还是页岩气，美国政府一直是创新引领增长的关键推手，它坚持在创新周期中不确定性最大的阶段进行投资，帮助企业渡过难关并铺平发展之路。其他国家如果想效仿美国模式，应该借鉴美国的实际做法，而不是轻信美国政府的说辞。其实，政府应发挥更大的市场驱动作用，而不是抑制市场驱动作用。美国的成功带来的一个重要启示是：学会组织、引导和评估政府的各种投资，确保这些投资具有战略意义、灵活的应变性和使命导向。只有这样，顶尖人才才会觉得为政府工作非常“光荣”。

这个道理不仅其他国家需要明白，美国自身也要明白，因为美国主导性的政治话语权正在危及未来创新及经济增长所需的资金支持。2013

年，美国政府对基础研究的资助低于10年前的水平，而且极有可能继续削减资助，因为国会在公共预算问题上陷入僵局。

我们不应只停留在赤字规模这类静态问题的讨论上，更应该探讨赤字的实际构成问题以及如何在关键领域进行战略投资等问题，比如研发、教育和人力资本形成。这些投资将提升国内生产总值（GDP），从而降低债务/GDP的比值。我们还要探讨变革的方向，确保这些投资不仅能促进经济的智能增长（创新引领），而且其包容性和持续性更强。

这些问题亟待解决。2016年美国总统选举在即，如果候选人得到可靠的消息，那么他们可能会改变造成静态现状的一些因素。[①] 美国急需这类领导人：他们敢于脱离公众话语体系，拥有远见卓识，认识到政府可以积极推动经济的增长。像中国这样的新兴经济体，政府每年都要投入千百亿元用于绿色技术的发展，期望这些技术能够成为未来经济增长的引擎。美国可以从自己的历史中得到启发。1961年，时任美国总统肯尼迪提出登月计划，将人类送上月球。这项计划虽充满风险，但雄心勃勃、富有远见。如今谁会有勇气为美国提出一个新的发展计划？

应对当前社会的各种挑战，例如气候变化，政府需要有远见和使命感，最重要的是，要对其在经济中扮演的角色信心十足。凯恩斯在《自由放任的终结》（*The End of Laissez Faire*）（1926年）一书中写道："对政府来说，重要的不是越俎代庖，做那些个人已经在做的事，也不在于它是否做得更好或更差，而是去做那些目前根本无人去做的事情。"然而，要想做到这一点，政府要有远见和信心——如今变得越来越稀缺。这是为什么？

---

① 本书英文版于2013年出版，此时2016年的美国大选尚未开始。——编者注

一场东拉西扯的争论

政府应该在经济增长中扮演什么角色？金融危机之后，随着公共预算骤增，政府承担着“拯救”私人部门的责任。当时全球都在传播一种声音：为了让国家更有竞争力、更有活力，实现创新发展，我们必须让市场发挥更大的作用，而应减少政府的参与。有人坦言，往好里说，政府维持了私人部门的经济活力；往坏里说，政府官僚作风严重，手段粗暴，扼杀了私人部门的经济活力。相比之下，私人部门敢于冒险和开拓，发展迅猛，能切实推动创新发展，促进经济增长。

还有观点认为，像硅谷这类创新引擎成功的背后是企业家和风险资本家的推动。政府可以干预经济，但仅限于修正市场失灵或创造公平竞争的环境。政府可以管理私人部门，让它们对自己的行为对公众造成的外部成本（如污染）负责。政府可以投资公共产品的研发，如基础科学研究和药品开发（这些研发几乎没什么市场潜力）。对右翼政治团体而言，修正市场失灵甚至是一种罪恶，因为政府的这些干预会导致更严重的后果——政府失灵。

以上观点有个共同之处：都认为政府应该只修正市场，而不是直接创造、塑造市场。2012 年，《经济学人》上的一篇文章谈到了制造业的未来，概括了这个普遍的观点。“政府不称职，总是挑选赢家，这种现象不但没有减少，反而更加严重，因为大批企业家和中小型创业者在网上交换设计，在家里将设计转化成产品，在车库里将产品推向全球市场。”这篇文章写道，“一场大变革将席卷而来，政府应该坚守基本原则——提高教育质量，培养拥有专业技能的劳动力大军；制定明确的规则，为各类企业创造公平竞争的环境。其他事情都交给那些具有创新精神、引领变革的人士。”

本书致力于破除一种假象，这种假象是由保守经济学家、当政者及媒体构成的，它具有在全球范围内抨击政府、贬低政府的作用。本书聚焦于被托尼·朱特（Tony Judt）称为“一场东拉西扯的争论”的观点：我们将如何评价政府的作用。将私营企业描述为创新力量，把政府看作惯性力（为“基本面”所需），但政府规模太大、管制太多，无法成为激发经济活力的引擎——这种描述可能会成为自我应验的预言。就目前而言，如果我们继续将政府仅仅描述成辅助者和管理者，让政府丢掉幻想，那么政府便会出现各种各样的问题，我们反而更加批评政府无能、低效，这种现象颇具讽刺意味。

本书认为，政府慵懒无为而私人部门却充满活力的说法纯属故意歪曲事实。因为市场经济中的一些行为体将自己描述为“财富创造者”，进而以“创新”之名从经济中攫取高额价值。其实，美国历史上资本利得税的最大降幅发生在20世纪70年代末期，由于全国风险资本协会（National Venture Capital Association）的成功游说，五年内税率降低了50%（从40%降到20%）（拉佐尼克和马祖卡托，2013年）。这个举措基于一个观点：风险资本家勇于冒险，是真正的企业家。我们发现，这个说法根本不靠谱。

这个带有偏见的说辞，将经济中的一些行为体描述为真正的“创新者”、财富创造者和冒险者，而其他行为体（包括政府在内）则被描述为财富攫取者或仅仅是财富分配者。如今本可以建立有意义、有价值的公私合作关系，受到这种说法的严重影响，合作的基础受到了极大的威胁。坦率地说，这种歪曲事实的说法挫伤了创新的积极性，加剧了不平等效应。其实，这种说辞带来的不仅仅是创新问题。人们还利用这套说辞削弱了政府的职能，将越来越多的公共活动外包给“活力更强、效率更高”的私人部门，打击了政府人才储备的积极性，造成了政府手中的资源越来越少，难以打造自身内在的竞争力——曾经努力获取的公共“价值”观念退化为狭义的“公共产品”概念，只用于描述需要政府干预的少数领域（如基础设施等）。

谋其大者

人们通常认为，政府慵懒无为，而私人部门活力四射。这种观点非常普遍，却极其错误。本书讲述一个完全不同的真相：在那些创新驱动增长的国家以及那些国家的一些地区（如硅谷），在财富创造的过程中，政府不仅是管理者和管控者，还是关键的参与者，而且通常更勇敢、更愿意承担企业不愿承担的风险。这不仅存在于经济学家称为“公共产品”的少数领域（如基础研究领域），而且涉及整个创新链（从基础研究到应用研究，从商业化到企业的早期融资）。这些投资（政府不仅“开支”还投资）产生了革命性的影响，创造出全新的市场和产业，包括因特网、纳米技术、生物技术和清洁能源。换言之，政府不仅“修正”市场，还在创造和塑造市场中发挥了关键作用。确实，正如本书篇幅最长的一章所描述的那样，苹果手机每一项智能技术都离不开政府对基础研究和应用研究的大力资助。当然，这并不是说史蒂夫·乔布斯和他的团队不重要。但是，如果忽略苹果公司成功背后的“公共”资助的一面，那么像苹果公司一样的企业就难以产生。

产生变革作用的公共投资通常是“使命导向型”政策的成果，其从大处着眼，如登月或应对气候变化。让政府再次从大处着眼思考创新问题，不仅仅是将更多纳税人的钱投入更多的项目中，而且要求我们从根本上重新思考政府在经济发展中的传统角色。接下来我就详述其中涉及的具体内容。

首先，这意味着政府能够预见技术的变革方向并能积极投资，创造市场而不只是修正市场。政府不是做些简单尝试——寻找、挑选赢家，而是预见经济发展和技术变革的方向，带来更多技术发展的机遇，同时打造一个行为体网络——由愿意参与（不一定“取胜”）的行为体构成，它们希望通过公私合作，抓住这个发展机遇。其次，政府在评价公共支出时要摒弃缺乏长远眼光的行为（短视行为）。政府要勇于开拓新市场，开发新领域，并以此为依据评估公共投资，而不应以常规思维评判——人们通常认为，政府部门和私人部门争相进入现有市场（一方“挤出”另一方）。再次，这意味着政府有机会进行实验、学习，甚至失败！最后，在开拓新市场、开发新领域的过程中，失败在所难免。正因为如此，我们要想办法让政府和纳税人从成功中获得部分收益，而不仅仅是降低下行风险。关于政府在创新中的作用，人们有一些认识误区。只有当决策者意识到这些误区之后，他们才不再是约翰·梅纳德·凯恩斯当年所说的“某些已故经济学家的奴隶”。

要去创造市场而不仅仅是调节市场

大多数高校的经济学系教授的新古典主义经济学理论认为，政府的政策目标只不过是纠正市场失灵。这个观点认为，一旦控制了失灵的源头——打破垄断、补贴公共产品、对付外部性征税，市场力量便会有效配置资源，促进经济沿着增长轨迹前行。可是，这种观点忽略了一个事实——市场盲目性，市场可能会忽略社会或环境问题。市场通常会形成路径依赖，发展方向欠佳，而且这种趋势会自我强化。例如，能源企业宁愿加大向地球深处采油的投资，也不愿意投资清洁能源。换言之，我们以高碳行业为特点的能源体系已持续了一百多年。这不仅是市场失灵，更是一种市场陷阱。

在“自由市场”条件下，经济发展形成路径依赖，带来问题，特别是当全球面临巨大的社会挑战时，如气候变化、年轻人失业、肥胖、老龄化及贫富差距等。应对这些挑战，政府必须起主导作用，不仅要修正市场失灵、管控现有市场，还要积极创造、塑造（新）市场。政府必须将经济引向新的“技术–经济范式”（该范式由技术与创新学者卡洛塔·佩雷斯提出）。通常，这些发展方向不是由市场力量自动形成的，而主要是由政府部门的战略决策催生的。

实际上，绝大多数的技术革命——从因特网到今天的绿色技术革命都需要政府的大力推动。硅谷的科技自由派（techno-libertarians）也许会很惊讶，因为他们发现美国政府资助了许多创新研发，推动了信息技术革命。苹果手机通常被认为是政府放手不管让天才企业家自由发展的典范。但是，使苹果手机成为智能手机而不是普通手机的那些关键技术都是政府资助研发的。苹果手机依赖因特网，而因特网的前身是20世纪60年代美国国防高级研究计划局（DARPA）组建的阿帕网（ARPANET）。全球定位系统（GPS）源自20世纪70年代美国军工项目定时测距导航卫星系统（NAVSTAR）。苹果手机触屏技术来自FingerWorks（美国旧金山的一家小公司，后被苹果公司收购），该公司由公立特拉华大学的一位教授和他的一名博士生创办，得到美国国家科学基金会（NSF）和中央情报局的资助。苹果手机的智能语音助手（SIRI），其技术源头甚至也可以追溯到美国政府——美国国防高级研究计划局人工智能项目带来的副产品。

这种情况不仅存在于军工复合体中，在健康领域和能源领域也同样如此。内科医生玛西娅·安杰尔（Marcia Angell）的研究显示，许多发展前景最好的新药，其源头都可以追溯到由纳税人资助的美国国立卫生研究院（NIH），该研究院的年度预算约为300亿美元。而私营医药公司往往更关注研发中的开发而不是研究，希望略微变换一下现有药品就进行市场推广。

最近，页岩气产业蓬勃发展，有些错误看法认为，这是由贪婪的企业家推动的，与政府无关。其实，美国联邦政府大力投资了那些促进页岩气开发的技术［谢伦伯格（Shellenberger）、诺德豪斯（Nordhaus）、特伦巴思（Trembath）、詹金斯（Jenkins），2012 年］。1976 年，摩根敦能源研究中心（美国能源部拥有并负责运营）和矿业局联合启动东部页岩气项目，该项目可以从页岩层开采天然气。美国政府成立了页岩气研究所，资金来自天然气生产带来的税收收入，并在页岩气研究方面花费了数十亿美元。与此同时，桑迪亚国家实验室（也隶属于美国能源部）开发出了用于液压破碎作业的 3D（三维）地质填图技术。

政府资助能源创新的实例如今又出现了，不仅资助可再生能源项目，而且资助绿色公司本身。企业家埃隆·马斯克（Elon Musk）借助当前政府推动的技术新浪潮，创办了三家公司——特斯拉汽车公司、太阳能公司（Solar City）和太空探索技术公司（SpaceX）。这些高科技企业获得了政府 49 亿美元的资金支持，如拨款、税收减免、投资建厂和补贴贷款。政府还为购买太阳能电池板和电动汽车的消费者提供税收抵免和退税优惠，刺激了这三家公司产品的销售。美国太空探索技术公司和美国政府签订了价值 55 亿美元的采购合同，同时也和美国国家航空航天局（NASA）及美国空军签署了 55 亿美元的合同。政府的这些举措其实创造了市场。虽然政府的这类支持最近成为媒体的焦点，但是有两点未引起关注［赫什（Hirsch），2015 年］：第一，特斯拉汽车公司还获得公共资金担保的 4.65 亿美元贷款；第二，美国能源部直接投资激进技术，比如电池技术和太阳能电池板技术，这三家企业从中受益。美国国家航空航天局投资火箭技术，这些火箭技术正被美国太空探索技术公司用于国际空间站。政府一直是许多关键技术开发的幕后推手，私人部门后来整合这些关键技术，取得创新突破，对此我们不必感到惊讶。当然，这些企业进一步开发政府资助的各类技术，有助于推动创新发展，关键是有助于促进经济和环境可持续发展。可是，我们在媒体上看到的都是片面的报道，说企业家都在孤军奋战。

政府不仅在供给侧也在需求侧新技术的推广应用方面发挥了巨大作用，甚至在私募市场发挥主导作用的领域，政府也发挥了巨大的作用。例如在智能汽车领域，政府创造条件（新的道路规章、公路建设、授权制度和交通规则等）助力推广智能汽车；在大生产革命中，政府投资各类底层技术并促进这些技术在经济活动中推广和应用。

在供给侧，美国的国防投资始于第二次世界大战，促进了航空航天、电子及材料领域大发展。而在需求侧，在第二次世界大战之后，美国政府推进城镇化建设——修路、鼓励使用抵押贷款、建立福利国家确保人民收入；帮助工人过上有房有车的生活，同时还拥有其他批量生产的产品。如今，挪威政府出台政策，鼓励购买绿色产品，特斯拉公司生产的电动汽车在挪威卖得比美国还好。美国政府的供给侧支持和挪威政府的需求侧推进，共同促成了特斯拉电动汽车的成功。这根本不是某位企业家一个人在战斗！

对决策者而言，问题不在于是否挑选赢家。其实，无论是因特网还是液压破碎技术，与创新发展相关的每一项技术都是挑选的结果！围绕政策的争论应聚焦于如何挑选宏观发展方向，使之在发展框架内可以进行自下而上的探索。可是，只有在这些发展方向选定之后，私人投资才会参与进来，企业界才会对某些领域的未来发展满怀期待。这种方向性指引也有一些失败的案例，但是，供给侧和需求侧的共同推动（带来几十年的经济增长）远比等待有价值、有意义。因此，问题的焦点是，政府该如何肩负指引方向和推动发展的重任以有效地应对最急迫的社会和技术难题。

对公共政策进行评估

我们常常用错误的方式评价政府用于促进创新的支出。在主流经济学框架内，确定市场失灵之处，提议政府在某些领域投资，然后简单计算这些政府投资的价值，这种评估的猜测成分较重。某项干预措施带来的收益是否超过市场失灵及其修正措施产生的成本（因为政府失灵也会增加成本）？这种方法过于关注静态，不适合评价这类动态特征明显的创新政策。我们未能阐明政府能承担多大风险来创造出新的经济和技术机遇，造成了政府虽然努力推动创新发展却未受关注。因此，经济学家常常将政府部门说成是私人部门的翻版，不过效率低下。

这种评价政府投资的方式不全面，造成对政府的无端指责：政府进入某些行业，排挤私人投资。其实，政府投资通常具有“挤入”效应，能够刺激私人投资（如果没有政府投资引领，那么私人投资不会跟进）。“挤入”效应的结果便是国家的总产出扩大，惠及私人投资者和政府投资人。更重要的是，政府投资不仅要推动经济发展，而且要做一些之前根本没想到的和从未做过的事。在美国国家航空航天局实施阿波罗计划时，根本没有私营企业打算将人类送往月球。阿波罗计划不仅取得了成功，还获得了多项突破，催生了今天的信息与通信技术革命。

目前，埃隆·马斯克的美国太空探索技术公司和亚马逊的创始人杰夫·贝佐斯（Jeff Bezos）的蓝色起源（Blue Origin）航天公司都在利用美国国家航空航天局的技术（并得益于该局的采购订单）探索近地轨道及外太空。最近，美国国家航空航天局委托我做一个关于近地轨道新兴经济的项目（报告即将公布）。我在报告中强调，我们将太空探索的风险社会化，却再次将风险收益私有化，这是很危险的。未来，创新可能受挫，因为政府部门虽然推动了创新却未享有任何收益。

创造一个共生的（互利共存的）公私创新生态需要新方法、新标准和新指标来评价政府投资及其产生的结果。如果没有正确的评估投资的手段，那么政府很难知道自己是在正确的道路上前行还是在错误的道路上越走越远。这样便产生一个后果：政府投资领域过窄，受到主流的路径依赖和技术–经济范式的制约。评价某项投资的更好的方式是：考察不同的"溢出"效应，即是否催生了新技术和新能力，是否催生了新科技、新产业和新市场。举例来说，政府在投资生命科学和健康研究领域时，应该与私营制药机构专注药物研发区分开来，政府要重点资助诊断学、手术治疗和改变生活方式这类研究，因为这些关键领域的研究能改善全球人口的健康状况（它们的潜力巨大，却常常被忽视）。

打造富有活力的政府组织

在考虑投资项目时，政府会受到另一个相关问题的困扰：主流观点认为，政府应该只负责修正市场失灵。受到这种观点的影响，有些人认为政府除了修正市场失灵之外，在其他领域难有作为。他们进而认为，为了避免监管机构被企业绑架的问题，政府必须杜绝和私人部门接触。因此，政府将越来越多的主要工作外包给私人部门。然而，这种做法通常会造成政府部门缺乏智慧型战略意识，无法将某个部门打造成吸引顶尖人才的机构。这就形成了一个自我应验的预言：政府越是不能从大处着眼，越缺少专业人才；政府履职能力越弱，思考大战略问题的能力也就越弱。如果美国政府拥有更多的信息技术能力，奥巴马政府便不会如此艰难地推出专注医疗的政府网站 HealthCare.gov。政府无能为力可能造成更多事务性外包。

政府要创造和塑造技术、产业、市场，必须拥有前瞻性并能提出一些大胆的创意政策。这并不意味着政府总能成功，不会失败。其实，创新过程内在的不确定性意味着政府经常失败。然而，政府要从失败的投资中吸取教训，继续改进其组织结构和各种实践。经济学家阿尔伯特·赫什曼（Albert Hirschman）强调，就本质而言，决策过程异常棘手，因此政府机构应该勇于试错，这一点很重要。政府应和私营企业一样，十分重视商学院经常讨论的战略管理和组织行为这类话题。而我们通常认为政府部门不重要，我们提倡弱化政府功能或无政府主义，而不主张提升政府职能，实现智慧引领。实际上，要想让本来不可能发生的事情成为现实，不仅需要管理技能［马克斯·韦伯（Max Weber）指出，这些技能至关重要］①，还需要特定科技及特定产业方面的专业技术。只有正确认识自己的职能，政府才能招募到专业人才，才能在相关领域谋划发展蓝图［2009 年，美国政府出台经济刺激计划，美国能源部在其中发挥了关键作用，而诺贝尔物理学奖获得者朱棣文（Steven Chu）当时被任命为美国能源部部长，这不是巧合］。

风险与回报

政府带头冒险，引领创新，就必须承担高风险，接受极大的不确定性，因此失败的可能性非常大。这就要求政府和企业达成协议，既然政府通常在创新过程中风险最大的阶段大胆投资，在失败时承担损失，那

① 埃文斯（Evans）和劳赫（Rauch）于 1999 年研究发现，即使控制人均 GDP 和人力资本在初始水平，韦伯式的政府官僚体系聘用精英仍能实现企业的长期稳定发展并推动经济增长。

么在成功时也要获得收益，即实现风险和回报社会化，这样才公平。① 例如，美国小型企业创新研究计划（SBIR）为企业提供高风险融资，在企业发展的早期阶段便进行投资，比大多数私人风险资本企业要早很多。该计划曾资助康柏电脑和英特尔公司，当时这两家公司都是初创企业。美国小型企业管理局（联邦机构，1953 年成立）推出小型企业投资公司计划（SBIC），为处于发展早期阶段的公司提供急需的贷款和拨款，1978 年，苹果公司便受到它的资助（详见第八章）。实际上，这种长期投资的需求反而增长了，因为风险投资公司的短视行为很严重，它们关注的是三年内为自己的每一笔投资找到“出口”（通常通过上市或出售给其他公司），而真正的创新可能需要数十年才能实现。

对一些发展前景不确定的技术进行早期投资，有些成功了，有些却失败了。这是早期投资的特点所致，记住这一点非常关键。因特网（美国政府财政支持的成功案例）这个成功个案背后有众多类似协和式飞机（英法两国政府资助的失败研发案例）、美国超音速运输机项目失败的例子。索林德拉（Solyndra）太阳能公司和特斯拉汽车公司这两个事例也可以说明问题。2009 年，太阳能电池板初创企业索林德拉从美国能源部获得 5.35 亿美元担保贷款。同年，电动汽车制造商特斯拉公司获得 4.65 亿美元贷款。几年后，特斯拉公司业绩斐然，2013 年公司偿还了贷款。而索林德拉于 2011 年申请破产。对财政保守人士而言，索林德拉成了政府“挑选赢家”失败的代名词。当然，如果政府像风险资本家那样投

---

① 由于“社会化”似乎与社会主义制度相关，美国民众认为这个词语是贬义词。其实，这个概念不一定承载价值观。在 2008 年金融危机爆发之后，诺贝尔经济学奖得主、美国经济学家约瑟夫·斯蒂格利茨（Joseph Stiglitz）发表了专著《自由市场的坠落》（*Freefall: America, Free Markets, and the Sinking of the World Economy*），批评美国金融机构将金融投资收益私有化，却将金融危机造成的损失社会化（因为是纳税人的钱帮助金融机构渡过难关的）。英格兰银行首席经济学家安德鲁·霍尔丹（Andrew Haldane）也批评金融系统风险社会化、收益私有化（英格兰银行并不是“社会主义”特征最明显的机构）。

资，必然会遭遇许多失败。问题是：和风险投资公司不同，政府通常要承担失败带来的损失，却几乎无法从成功中获得利益。最终由纳税人为索林德拉的破产买单，而特斯拉赚取的利润，政府却分文未得。

经济学家可能会认为，政府从企业的利润中收税已经获得投资收益。真相绝非如此简单，而是更加复杂，因为大企业擅长逃税。谷歌公司的搜索算法（search algorithm）得到美国国家科学基金会的资助，谷歌公司利用该算法将部分利润转移到爱尔兰，减少了在美国的纳税额。美国各州之间正在进行一场“逐底竞赛”，很多企业利用这个机会来减少纳税额。总部位于加利福尼亚州库比蒂诺（Cupertino）的苹果公司，于 2006 年在内华达州里诺（Reno）投资建立分公司，这种做法减少了它的纳税额。有人提议增加财富税以减少不平等现象，同时有利于政府投资创新，促进经济发展［法国经济学家托马斯·皮凯蒂（Thomas Piketty）就是这样提议的］，然而这些建议的力度不够。我们需要力度更大、更有创意的建议。

解决问题不只是修补政策漏洞。过去几十年，美国和其他西方国家的税率之所以持续下降，正是因为一些错误的观点认为私人部门是唯一的财富创造者。[①] 政府推出了多种税收激励举措（收入减少了），希望以此促进创新。然而，这些激励措施收效甚微，几乎未能推动研发活动的进度。[②] 资本的流动性导致资助某家企业的某个政府可能无法从这家企

---

① 最近，我批评了英国工党持有的这种观点。2015 年，工党在大选中落败，很多人认为，工党对“财富创造者”（企业）的支持力度不够，导致大选失利。我的评论文章详见 http://www.theguardian.com/science/political-science/2015/jun/15/a-new-wealth-creating-agenda-for-the-labour-party。

② 政府用税收激励的方式支持那些申报科研和创新的企业，然而这些激励措施无法激发新的研发，而只是奖励已经启动的研发，而且企业非常善于将那些与发明创新毫无关系且根本不可能催生发明创新的活动申报成研发项目［参见第二章对专利盒（Patent Box）税收政策的批判］。

业收税，因为该企业可能已迁到国外。虽然税收可用于支付满足基本需求的各项费用，如教育、医疗和研究，却无法冲抵直接投资于企业或某些技术的支出。如果我们要求政府进行这类投资（事实上，这种呼声会越来越高，因为金融市场更关注短期收益），那么政府投资失败所产生的损失（这些损失不可避免）则应得到补偿。

如果美国政府持有特斯拉公司的股权，那么它获得的收益在填补投资索林德拉产生的亏空之后还有盈余。2009 年，特斯拉公司获得政府贷款，公司股票的公开发行价为每股 17 美元。当该公司偿还贷款时，股票价格已高达每股 93 美元。2013 年，特斯拉股票成交价突破每股 200 美元。许多资本主义国家可能会极力反对政府持有私营企业股份，可是政府已在私人部门投资，理应获得投资收益（可能财政保守人士也会觉得值得一试）。政府不一定要有控股权，却可以持有优先股优先获得分红（在推出这项计划时，要提防政治既得利益）。政府获得的收益可以进一步资助创新。当然还有其他途径实现创新风险和收益社会化（第九章将详细探讨）。这里要说的主要观点是：当政府投资一切顺利时，当政者、经济学家和媒体常常反应迟钝而不能及时表扬；一旦出现不顺之事，他们又反应过度，纷纷前来批评。

长期滞胀并非不可避免

如今，我们处于经济滞胀时期，有些学者［如美国经济学家拉里·萨默斯（Larry Summers）］称之为“长期滞胀”，意味着在较长时期内经济增长率接近于零，这种现象不可避免。但是，这种近乎大难临头的诊断未能找到问题的症结。造成滞胀的原因既不是缺乏可赢利的机遇，也不是本质上缺少有效需求（人均收入水平下降），而是政府的所作所为，更准确地说，政府没有作为。

扭转长期滞胀需要出台政策以推动创新，引领经济增长，这就要求政府有大格局、大战略思维。可是，政府这样做却越来越难，原因在上文已有说明。政府只是助推者、管理者和规范者，这种观点从 20 世纪 70 年代开始广泛流行。在 2008 年的全球金融危机之后，这种观点又受到追捧。全球公共政策制定者都没有认识到私人债务和投机造成了金融崩溃，却将矛头指向公共债务，认为削减政府支出便能刺激私人投资。结果，多家政府机构预算减少，如美国国防高级研究计划局和美国国立卫生研究院，而这些机构曾推动了科技革命。2011 年，民主党人控制的参议院通过了具有“扣押”性质的预算控制法案，由时任总统民主党人奥巴马签署生效。该法案规定，从 2013 年到 2021 年，削减联邦研发支出总额 950 亿美元。欧盟推出“财政协定”，要求各成员国将财政赤字降低到 GDP 的 3%，由此导致教育和研发支出锐减。

与此同时，我们发现，企业界的金融化趋势更明显。许多企业用于股票回购的支出（以提升股价、期权和高管薪酬）高于在人力资本和研发这些领域的投入。拉佐尼克（2014 年）经研究发现，过去的十年,《财富》500 强企业用于股票回购的支出高达近 4 万亿美元。股票回购支出最多的企业集中在制药行业和能源行业，这些企业声称自己这么做的理由是“没有投资机会”。显然，事实并非如此，因为政府部门的一些机构曾投入千百亿美元用于制药和可再生能源领域的创新发展。

结果，政府部门越来越缺乏勇气（有时是财政紧缩所致），企业界金融化日益严重，必然导致经济长期滞胀。然而，这种结果是我们的选择造成的，我们能扭转颓势。

新的角色、新的理论

虽然创新不是政府的主要职责，但是政府具有积极推动创新的潜在作用（有些国家的政府曾有效引领创新）也许是政府存在并保持一定规模的最有力的理由。改变我们谈论政府的方式不仅在于改变说辞，而且要改变我们对政府及其功能和结构的理解。

我将朱特提出的问题解读为，我们必须重新设定政府的角色。尽管捍卫了公共部门的主导地位，但是“挤入”一词仍是评价基准的一个负面概念：政府投资可能会挤走私人投资，因为双方竞争相同的、数量有限的资源。如果要描述积极的、有远见的思想，那么我们应该主动出击而不是被动防御。我们不应从政府纠正市场失灵（许多进步经济学家确实看到了诸多失灵之处，他们强调市场失灵的一面）去分析政府的积极作用，而是要构建关于政府主导创造和塑造市场的理论［该理论和卡尔·波兰尼（Karl Polanyi）的观点更契合，他强调资本主义国家的市场从一开始便深受政府行为的影响］。在创新方面，政府不仅“挤入”企业投资还为企业“注入活力”，使企业具有前瞻意识、使命意识和长远规划意识。

本书开拓了一个谈论和思考政府的新视角，这样能拓宽我们对政府作用的认知视野。政府正在进行“一场东拉西扯的争论”：因为能够带来很多经济增长的机会，所以政府对私人部门由“去风险”转向主动承担风险，从慵懒官僚的“利维坦”(Leviathan）[1] 转变为企业投资的推手，从“修正”市场到创造和塑造市场。政府要克服一切困难，转变角色。

---

① 利维坦，《圣经》中描述的一种海怪，此处借指政府不作为。——编者注

本书的结构

本书的结构是按如下逻辑设计的。

第一章首先将国家形象视作官僚机器，又以引领风险者和风险承担者作为其不同的形象。这个国家被看作是一个企业家的代理，承担着市场上风险最大、最不确定的投资任务。我们与其通过市场失灵的常见视角——政府在缺乏活力的市场中充当了“绷带”的角色——来理解政府风险，不如引入创业风险的概念。政府没有“去风险”，但是它好像有一根“魔棒”能使风险消失。它承担风险，塑造和创造了新的市场。经济学家对政府的这个角色却没有任何解释，这限制了我们对政府过去在硅谷等领域所扮演的角色的理解，以及它在未来（如“绿色革命”领域）可能扮演的角色的认知。①

第二章通过研究经济学家如何理解创新和技术在经济增长中的作用，从而为之后的讨论打下基础。然而，在 20 多年前，技术进步被看作是经济模式的外部因素。现在有大量的文献表明，创新的速度和方向是推动经济增长的动力。这一章将两种截然不同的理论放在一起，以理解国家在创新增长中所扮演的角色——这两种理论都被国家修复的不同类型的“失灵”所框定。第一个是市场失灵理论，在这种理论中，政府只是在修复私人和社会回报之间的关系。第二种是“创新体系”理论，它以一种更全面的方式看待研发支出。作为一种理论的一个部分，知识不仅在经济中产生，而且在整个经济中得以扩散。但即使在第二种理

① 当代政治经济学家，如张夏淮（Ha-Joon Chang, 2008 年）和埃里克·赖纳特（Erik Reinert）（2007 年），他们专门研究经济政策史，都谈论国家在经济发展过程中的作用和积极采取的“反周期”行动。他们的观点更符合国家的形象：国家不是创新风险的承担者，而是一个被动的最后的企业家。

论中，政府的作用也主要是修复失灵（此处称为“系统失灵”），为创新创造条件，从而促进创新。这些理论为增加政府在创新方面的支出提供了借口，另外，由于人们缺乏对国家作为主要风险承担者的关注，以致陷入了某些误区。这些误区包括创新与增长之间的关系、中小企业的作用、知识经济中专利的含义、风险投资面临的风险程度、投资创新对不同减免税类型的敏感程度等。

第三章提出了一个不同的观点，审视了作为风险承担者和市场塑造者的创新型政府。这不是其他两种理论的替代品，而是对它们的一种补充，这是一种被忽视的观点。这种观点认为导致“失灵”的政策理论上是有限的，而且往往大多是由“意识形态”驱动的。制药行业提供了一些例证，其中最激进的药物主要是由政府而非私人资助生产的。我还注意到风险资本在生物技术领域的投资浪潮已经超过了政府投资。

第四章以美国最近的产业政策为例证，阐述了“创新型政府”的关键所在，并指出：尽管有许多不同的看法，但在新技术的发展和商业化方面，政府一直非常积极主动，具有创新精神。政府的创新可以采取多种形式，这里有四个例子：美国国防高级研究计划局、小型企业创新研究计划、1983 年的《罕见病药物法》和最近纳米技术的发展。第四章的内容建立在“发展状态”[布洛克、张夏淮，2008 年；约翰逊（Johnson），1982 年] 这个概念之上，将重点放在政府部门愿意吸收和承担的风险类型上。

第三章和第四章关注的是行业。第五章关注的是一个具体的公司——苹果公司的历史。苹果公司经常被用来赞美市场的力量和凭兴趣瞎鼓捣的天才，它是一个用来说明熊彼特创造性破坏的公司[①]。而我颠倒了这个观念。这家公司不仅从政府那里获得了早期融资（通过小型企业投资公司计划和小型企业创新研究计划），而且还“巧妙地”利用了政府资助的技术来创造智能产品。事实上，苹果公司远不是单纯的市场经济的产物，它的成功还依赖于必要的国家政策，这一点它心知肚明。除了通信技术（第四章的内容），苹果手机的智能应用还体现在互联网、全球定位系统、触摸显示屏以及最新的智能语音助手等设备中。尽管史蒂夫·乔布斯无疑是一个值得称赞的天才，但苹果公司在这些政府资助的技术上进行了一场超越主流的技术和经济革命。鉴于国家在支持苹果等公司方面的关键作用，围绕苹果公司避税的辩论却少有人知，这一点尤其令人感到奇怪。苹果公司必须缴纳税款，这是天经地义的事情，而且它是一家标杆企业——不仅要求政府的财力雄厚，而且要求政府能承担足够的风险去从事像乔布斯这样的企业家的投资（马祖卡托，2013 年）。

第六章关注了互联网之后的下一个“大事件”：绿色革命。这场革命是由国家领导的，就像信息技术革命一样。2012 年，中国宣布到 2050 年将生产 1 000 吉瓦（GW）的风力发电计划。这相当于用风力发电机取代整个现有的美国电力基础设施。美国和欧洲能实现如此大的梦想吗？似乎不可能。在许多国家，政府退居幕后，只是补贴或鼓励私人部门投资，因此，它们未能建立起类似于 20 年前互联网大规模扩散的宏愿。这一章考察了世界上哪些国家正在引领绿色革命，以及在这些国家和国家发展银行提供的金融帮助下，形成的绿色革命的早期“催化”

---

① 约瑟夫·熊彼特（2003 年）将“创造性破坏”（creative destruction）称为创新和改变现状的过程。他认为，允许引入新产品和新技术的公司的市场份额将增长，抵制创新的公司的市场份额将下降。

和高风险投资。

第七章关注的是承担“创新”风险的政府在启动清洁技术、风力发电和太阳能发电方面的作用。在这些方面，政府提供资金，建立相关机构——这些机构提供了最初的动力、高风险的初期投资资金和建立这些重要技术的相关制度。第五章强调了美国创新型政府在引领信息技术革命以及生物技术产业方面的作用，而这一章强调的是德国、丹麦和中国等国家在引导绿色革命的过程中所扮演的角色。

第八章和第九章提出，一旦政府成为主要的风险承担者，除了要面临“市场定位”或“创造条件”等问题之外，还要善于平衡风险–收益关系。在很多情况下，政府投资已经变成了商业上的馈赠，使个人及他们的公司很富有，但很少（直接或间接地）回馈给社会或国家。这一点在制药业中最为明显——对纳税人来说，由政府资助的药物实在太贵了。在IT（信息技术）行业，情况也是如此，国家积极的冒险投资增加了私人部门的利润，这些利润随后被私藏起来，并没有回馈给支持行业发展的政府。第八章再次聚焦苹果公司，说明了这一点。第九章更系统地阐释了这些观点，认为在削减预算赤字的一段时间内，国家如何确保其承担风险并获得直接收益的问题显得更为重要。正因为政府投资是不确定的，所以失败在所难免。但是当它们成功的时候，允许所有的收益被私有化是很危险的。事实上，金融部门对经济危机的批评，私人收益颇丰，通过不受欢迎的紧急救助来化解风险，这些现象是不受欢迎的、功能失调的现代资本主义的特征，不应该成为常态。

第十章的结论是，书中的核心论点——政府作为一个活跃的、有企业家精神的、冒险的代理人——并不总是事实，有一种可能性往往被忽视了（“可能性”只有在关键假设被推翻后才会出现）。从我们设身处地地思考政府的创新行为（勇于创新而不是害怕创新），到论述政府与创新体系中其他行动者的关系（如接受自己是一个更积极的代理人，政府的作用往往不是“轻推”和“激励”，而是“竭力推动”）。政府推动和引领的能力取决于它吸引到的人才和专家。具有讽刺意味的是，在那些政府退居幕后的国家中，它们只是“管理”，而不以动态的眼光来领导。除非我们走出经济发展的众多“误区”，转变政府在经济发展过程中的传统角色，否则我们就不要指望能解决21世纪的结构性挑战，也不能产生长期可持续和公平增长所需要的技术和组织机构。

总的来说，这本书更全面地阐述了政府部门在承担风险的活动和激进的技术变革中所占的中心地位，这对促进经济增长和社会发展至关重要。它描述了当前一种截然不同的经济政策制定者——他们极力否认政府在创新和生产方面的主导作用。它还挑战了传统的产业政策，这类政策过度地降低了开拓和推广新技术的范围。

我们需要对资本主义创新劳动分工（如第一章所述）以及私人部门和政府部门在创造、生产和传播创新方面所起的作用进行全面的理解。这本书的重点在于研究创新，并不是因为创新是政府可以投资的唯一或最重要的内容。从公共卫生保健领域到公共教育领域，政府保障所有公民基本人权，创建必要的基础设施、法律和司法系统，使经济能够正常运转，这些都是同等重要的活动。对创新的关注，部分是因为它是一个讨论的焦点——政府经常遭受非议（私人部门的作用通常被夸大了，而政府部门的作用却被淡化了）。无论是投资新技术还是改善市场功能，政府常常被视为问题的症结所在。因此，我们必须重新调整对经济运作的理解。只有这样，我们才能制定出有效的政策，而不是重复那些只服务于意识形态的陈规和刻板印象。

第一章

从危机意识到创新型劳动分工

政府在“挑选赢家”方面一直都很不给力，而且很可能会变得更糟，因为大批的企业家和网络修补程序员在网上交换设计，把它们变成国内的产品，并向全球市场推广。随着新技术革命的蔓延，各国政府应坚持的基本原则包括创办良好的技工学校，为各类企业明确规则，营造公平的竞争环境，剩下的留给革新者。

——《经济学人》（2012 年）

在全球范围内，我们听到的是，为了促进金融危机后的经济复苏，政府必须削减开支。我们假设，在政府处于次要地位的情况下，我们会在私人部门展现企业家精神和创新的力量。媒体、商人和自由主义的政治家从这种假设中汲取力量，形成充满活力、创新和竞争的“革新性”私人部门，而不是一个迟钝的、官僚主义的、惯性的、“干预”的政府部门。这种认识被不断加固，以至被许多人视为“常识”，甚至许多人都相信 2007 年的金融危机（很快就引发了一场全面的经济危机）是由政府部门的债务造成的，而这并不是真相。

政府部门往往大放厥词。2011 年 3 月，英国首相戴维·卡梅伦承诺将接手政府部门中的“企业敌人”（enemies of enterprise），他将之定义为“政府部门的官僚”[惠勒（Wheeler），2011 年]。这些言论符合英国政府“大社会”（Big Society）的主题。这个主题将公共服务的责任由国家转移到独立经营或通过第三方合作的个人。有理由认为，这种来自国家影响力的“自由”将使这些服务行业重新振作起来。诸如“免费”学校（相当于美国的特许学校）这类术语，意味着学校可以从政府的手中解放出来。这些学校更受学生的欢迎，学生的学习效率也会更高。

在全球范围内，越来越多的公共服务被“外包”给私人部门，这通常通过“效率”来自圆其说。然而，这种外包所带来的实际成本——尤其是考虑到缺乏“质量控制”和随之而来的非理性成本损耗——从来就没有减少过。最近的丑闻是，伦敦 2012 年奥运会的安保工作外包给了一家名为 G4S 的公司，然而由于该公司无力提供如此规模的安保服务，英国军队在奥运会期间不得不被召集来提供安全保障。虽然该公司经理受到“训斥”，但是现在它仍是赢利的，外包业务仍在上升。也有抵制外包的例子，如英国广播公司对广播网络平台的选择。英国广播公司作为一个动态的创新组织，一直能够吸引顶尖人才，保持其在广播和电视中的高市场份额——这是其他国家公共广播公司梦寐以求的。

国家是企业的敌人，这是在备受尊敬的商业新闻中不断爆出的观点。如《经济学人》认为政府作为“霍布斯的利维坦”应该退居幕后（《经济学人》，2011 年）。对经济增长的处方包括专注于创造新思想的自由市场，为了新思想的繁荣创造合适的条件，而不是采取更激进的方法（《经济学人》，2012 年）。正如本章开始所引用的，《经济学人》在最近一份关于绿色革命的特刊中明确提出，政府应该坚持基本原则，比如资助教育和研究，剩下的应该留给革新者，即企业。第四章至第八章将展开阐述：这种革新精神通常很难在私人部门中找到，政府必须承担风险最大的和不确定性的领域。

虽然我们不去游说政府提供特定类型的支持，但是军事、医药和石油等不同领域的商业游说团体却一直主张摆脱国家的长期束缚。它们认为国家的监管扼杀了它们通过实施雇员权力、税收和规章而取得成功的能力。保守的亚当·斯密研究所认为，英国的监管机构应当减少到一定数量，才能使英国经济“经历一阵创新和增长”[安布勒（Ambler）和博伊菲尔德（Boyfield），2010 年]。在美国，茶党（Tea Party）运动的支持者联合起来，希望限制政府预算，促进自由市场。正如我们将在第三章中所看到的，大型制药公司是公共资助研究的最大受益者，它们不断主张减少国家监管和干预，并声称自己是一个非常创新的行业。

且看欧元区

在欧元区，现在人们关注的焦点是葡萄牙、意大利等“外围”欧盟国家的所有弊病都来自“挥霍”的政府部门，而忽视这样的一个事实：这些国家的弊病更多的是由于不思进取的政府部门几十年来也没有像德国这样的“核心”国家做出更成功的战略投资而造成的（马祖卡托，2012 年）。

危机意识的力量是如此强大，以至改变了历史的走向。2007 年年初的金融危机的一个显著特点是，尽管它是由过度的私人债务（主要是美国房地产市场）引起的，但后来许多人认为罪魁祸首是公共债务。的确，政府部门债务的上涨大多归咎于政府资助的银行救助和税收的减少，随之而来的是许多国家的经济衰退 [亚历桑德里（Alessandri）和霍尔丹，2009 年]。几乎不用争辩，金融危机或由此引发的经济危机，是由公共债务造成的。问题的症结不在于政府部门支出的数额超支，而在于支出的领域有失偏颇。事实上，在过去的 15 年，意大利经济增长率如此之低的原因之一，并不是它花费太多，而是在教育、人力资本和研发等领域支出不足。所以即使在危机前赤字相对较轻（约为 4%），由于 GDP 的增长率接近于零，意大利政府的债务与 GDP 的比率仍在不断上升。

当然，经济增长缓慢的国家有大量的公共债务，但是对于由哪些问题引起的此类债务却存在高度争议。事实上，我们从莱因哈特（Reinhart）和罗戈夫（Rogoff）的争论中便可见一斑。[①] 然而最令人震惊的是，最近的观点认为，他们的统计研究成果（发表在被认为是最权威的经济学杂志之中）是不正确的而且是鲁莽的。人们得出的结果是，债务占 GDP 的 90% 以上必然会导致经济增长放缓。这一推论形成了新的教条：紧缩必然（而且足够）使经济恢复增长。然而，有许多债务较高的国家（如加拿大、新西兰和澳大利亚等）能以稳定的方式增长。更重要的一点是，经济增长不在于政府部门的总规模，而在于它的支出规模。在无用的文书或回扣上的花费，肯定不是为了使医疗保健系统更具功能性和效率，或用于高质量的教育及突破性的研究，也不是为了促进人力资本的形成和未来技术的进步。事实上，经济学家发现的增长变量，如教育和研发，是非常昂贵的。欧洲债务与 GDP 比率高的薄弱国家在教育和研发领域支出很少（因为教育和研发领域支出少，所以 GDP

① 2010 年，两位经济学家莱因哈特和罗戈夫在《美国经济评论》（*American Economic Review*）上撰文提出，外债总额占 GDP 的比重高与 GDP 年增长率低二者之间的相关性很强。这篇文章为财政紧缩政策提供了理论依据，引起了强烈反响。2015 年，其他经济学家重新梳理了这篇文章，结果发现，文章中采用的研究方法存在缺陷，莱因哈特和罗戈夫使用的数据无法支持文中的结论。

增长缓慢），我们不应为此感到惊讶。然而，目前强加在它们身上的紧缩措施将使这个问题变得更糟。

这是一个自我应验的预言：我们越无视政府在经济发展中的作用，就越不能够提高政府作为参与者的能力，因此吸引人才的能力就越弱。美国能源部作为美国政府研发支出的主要部门，以及在经合组织的能源研究中占据较大的研发资金份额，能够吸引诺贝尔奖获得者来替它工作，这仅仅是巧合吗？有些国家的政府机构缺少宏观规划（更容易滋生裙带关系，任人唯亲），是因为它们缺乏专业人才。究竟是不是这个原因呢？其实，不能将问题简单地归结为“缺乏专业人才”。更重要的是，一个国家的政府部门能否吸引专业人才恰恰反映了其对专业人才的重视程度。

政府挑选赢家和输家选择政府

我们经常被告知，政府在经济发展中发挥的作用有限，因为它不能选择赢家，无论赢家是新技术部门、经济部门还是特定公司。但我们忽视的是，在许多国家失败的案例中，政府试图做一些比许多私营企业所做的更困难的事情，它要么试图延长一个成熟工业的辉煌时期（协和式飞机项目或美国超音速运输机项目），要么积极尝试推出一个新的技术部门（互联网或信息技术革命）。

在这样困难的领域工作，失败的概率很高。然而，关于政府作为有效创新的社会中介，我们虽然能轻易地指责它的一些败笔，却未能制定出准确衡量其投资公平性的标准。另外，公共风险资本与私人风险资本有很大不同，而政府愿意投资于风险较高的地区，同时拥有更大的耐心，宁愿获取较低的回报。按常理来说，这太难做到了。然而我们仅仅对公共风险资本与私人风险资本的回报进行了比较，却没有考虑到这种差异。

具有讽刺意味的是，政府无力论证自己的立场，也无法解释自己在挑选赢家（从互联网公司到苹果公司）的过程中所起的作用，这使它容易自责其偶尔的失败（例如超音速运输机项目）。更糟糕的是，它对批评的回应，是变得脆弱和胆小，也很容易被游说团体“为私人利益寻求公共资源”的说辞所说服，或者是对专家们关于经济活力起源的错误论断随声附和。

在20世纪70年代末的资本利得税大幅下降后，美国风险投资业的游说活动逐步盛行（拉佐尼克，2009年）。游说者在政府面前争辩说，风险资本家资助了互联网和早期的半导体产业，如果没有风险资本家，就不会有创新。风险资本家在巨大的国家投资浪潮中大显身手，成就了之后的互联网革命，并成功游说了政府减少税收。这样一来，政府口袋中对创新至关重要的资金，被那些依靠它成功的人掏空了。

此外，由于对自己的角色没有信心，政府很容易被有关创新和创业的错误思想而误导。大型制药公司试图说服政府放松监管、减少繁文缛节，而同时又依赖于政府资助的研发。小企业协会已经让许多国家的政府认为小企业不足为一类。然而，在许多国家，它们比警察部队得到更多的支持，而没有去支持这些给它们提供帮助的工作或创新活动［休斯（Hughes），2008年；斯托里（Storey），2006年］。政府要清楚自己的投资是如何产生如谷歌、苹果和康柏这些成功的公司的，这也许是对这些争论最有力的回击。

但是政府没有一个好的营销与沟通部门。想象一下，如果美国民众知道美国政府在资助行业内激进药物（在第三章中将有所讨论）的过程中所担任的重要角色，奥巴马总统对美国国家卫生保健政策的斗争将变得容易。这不是宣传，而是提高人们对技术历史的认识——在健康领域，没有干预，只有创造和创新。然而不幸的是，这要求大型制药公司勇于创新以及政府乐于干涉。基于种种原因，保证对（复杂）历史的正确认识是很重要的。事实上，高价格药物是否由国家补贴与业界所称的“高昂的研发成本”密切相关。揭示真相不仅有助于政府更好地制定政策，而且可以帮助市场体系更好地运作。

强调国家作为企业家代理人当然不是要否认私营企业的创业活动，不是要否认年轻的公司（如谷歌）在提供活力方面发挥重要作用以及从风险投资等私人渠道获取资金来源的能力。关键的问题是，唯一的故事通常是对的。硅谷和生物技术产业的出现通常归功于脸书或在波士顿（美国）、剑桥（英国）等地的诸多小型生物技术公司，以及这些高科技公司背后的天才。欧洲落后于美国常常是由于其风险投资部门的薄弱。在美国，这些高科技领域的例子经常被用来说明为什么我们需要更少的监管和更大的市场——向市场倾斜将有利于欧洲诞生自己的“谷歌”公司。但是有多少人知道导致谷歌成功的关键是由政府部门——美国国家科学基金会资助的［巴特尔（Battelle），2005 年］？或者，有多少人知道，在风险投资进入这个领域之前，在英国医学研究理事会（MRC）实验室中发现了一种抗体，已为生物技术提供了基础？许多在美国最具创新精神的年轻公司的资金不是由私人风险资本提供而是由公共风险资本提供的（如小型企业创新研究计划），这又有多少人能意识到？

这些经验是很重要的，它们使得人们相信政府超越了在刺激需求方面的作用，超越了挑选赢家时的顾虑。取而代之的是一个目标明确、积极进取、有创新精神的国家，一个能够承担风险的政府，一个高度网络化的行动者体系，它能够在较长的时间内，利用最好的私人部门为国家利益服务。正是政府的投资者和“催化剂”的角色，激发了网络传播知识的行为。政府可以而且确实是创造者，而不仅仅是知识经济的促进者。

主张建立创新型政府并不是“新”的产业政策，因为事实上它已经发生了。正如布洛克和凯勒（Keller）于2011年解释的那样，政府的工业指令是“隐秘的”，主要是为了防止右翼保守势力的反对。在计算机行业、互联网行业、医药生物技术产业、纳米技术和新兴绿色技术领域，政府起到举足轻重的作用，这样的例子比比皆是。政府敢于在不可能的情况下思考“不可能”的问题：创造一个新的技术机会；进行大量的、必要的早期投资；对分散的行动者网络（network of actors）进行风险研究；允许开发过程和商业化过程以动态的方式发生。

超越市场失灵与体制的障碍

那些承认政府有着重要作用的经济学家，常常使用一个被称为市场失灵的特定理论。从这个角度来看，市场是“不完美的”事实上被视为一个例外，这意味着政府可以扮演一个并不完美的角色。不完美可能发生的原因在于：私营企业不愿意投资于基础研究领域，因为这些提供“公共利益”的基础研究（基础研发的成果表现为积极的外部性）不能满足私人的利益需求；私营企业在设定价格时并不考虑由其造成的污染成本（污染为负外部性）；或者由于某些投资的风险太高，任何一家公司都无法承担（导致市场不完整）。鉴于这些不同形式的市场失灵，政府被赋予了包括公共资助的基础研究支持、对污染企业征收税费和基础设施项目的公共资金支持等功能。虽然这个理论有其价值，但它无法解释政府在进行这些投资时所发挥的“远见卓识”的战略作用。实际上，因为私人部门想要投资却找不到投资门路，所以打造不出互联网或纳米技术产业。这样的情况同样发生在政府行为没有私人部门的涉足时。即使政府引进这些新技术，私人部门仍然不敢投资，使得政府不得不支持互联网的商业化。最终私人风险资本家花了数年的时间才开始为生物技术或纳米技术公司融资。在许多情况下，政府似乎具有最激进的“动物精神”。

在一些案例中，政府远离了创新团队，因为发展新技术和配套新兴产业毕竟不是政府唯一的任务。但承认发挥创新作用的实例将有助于政策的推动，这些政策通常基于政府的角色是纠正市场失灵或促进“动态”私人部门的创新的假设：所有政府都设想把私人部门“推向”正确的方向；由于创新业务需要投资，税收抵免政策将是一剂良药；消除障碍和配套相关的法规是必要的；那些小公司，因为规模较小，所以拥有更强的灵活性和更强烈的创新意识，也应该得到直接和间接的支持。欧洲的核心问题不仅仅是“商业化”的误区，还是关于创业和创新来自何处的误区。这些误区阻止了政策的效力，因为它们可能会导致企业不愿创新。

无限风光在险峰

正如第二章将更详细地论述的那样，创新经济学家认为创新制度不可或缺，以便新的知识和创新能够在整个经济社会中传播［纳尔逊（Nelson）和温特（Winter），1982 年］。创新体系（部门、区域、国家）要求不同行为者（公司、金融机构、研究 / 教育机构、公共部门基金、中介机构）之间存在动态的联系，以及组织或机构之间存在横向联系［伦德瓦尔（Lundvall），1992 年；弗里曼，1995 年］。然而，即使在这个创新体系中被忽视，每个行为者在“颠簸”和复杂的风险中都将真正发挥其作用。当前创新政策的许多错误归咎于将行为者置于错误位置（无论是时间上还是空间上）。例如，期望风险投资能够在任何新经济领域（如清洁技术）的早期和最危险的阶段吸纳风险投资，这种想法真是异想天开。在生物技术、纳米技术和互联网领域，在政府部门进行了最重要的投资后的15~20年，风险资本将会出现。

经济发展史表明，在这些资本密集度高的、技术含量高的风险区域（在任何时间段内或新行业开始时），市场风险往往被私人部门所回避。此时，大量的不同类型的政府资金以及政府部门的远见便显得尤为重要。然而，政府在技术革命时期和经济持续增长时期就已经显得乏力。这就是为什么需要“创新型政府”去承担风险和创造新愿景，而不仅仅只是解决市场失灵。

如果不了解不同行为者所扮演的角色，那么政府将更容易被特定的利益所束缚，这些利益以缺乏证据及缺乏意识形态的方式表现出来。虽然风险资本家已经为低资本利得税进行了游说（如前文所述），但是他们不以税率为基础来投资新技术；他们能够感知市场风险，这通常是几十年前国家减少投资的结果。没有更好地了解参与创新过程中的行为者，我们冒着共生创新体系（政府和私人部门互惠互利）的风险，将私人部门改造成一个寄生的、能够从拒绝融资的政府获得好处的机构。

共生与寄生创新“生态系统”

现在把创新系统称为“生态系统”是常见的现象。事实上，生态系统似乎是许多创新专家和政策制定者的说辞。但是，我们如何才能确定创新生态系统是政府和私人部门之间的共生关系，而不是寄生的生态系统？也就是说，政府如何才能做到在创新生态系统中增加的投资将使私人部门投资较少，并利用其留存收益来获得短期利润（通过诸如“股票回购”之类的做法）或涉足更高的风险（如人力资本的创建和研发）来促成长期增长？

通常这样的问题可以用“挤出效应”(crowding-out concept）来界定。挤出效应是经济学中的一个假设，即政府投资的危险在于它消耗了私人部门可能为自己的投资计划所使用的资源［弗里德曼（Friedman），1979年］。凯恩斯主义者反对这样的观点：政府支出大量涌入私人投资领域，这只会在一个资源被充分利用的时期内进行，这种情况几乎不会发生。然而，本书提出了一个不同的观点：创新型政府投资于私人部门即使拥有资源也不会投资的场景。这是被忽视的政府所肩负的勇敢冒险、远见卓识的作用。商业投资并不是受到资源的限制，而是由于商家自己缺乏勇气（凯恩斯主义者所言的“动物精神”），即“像往常一样”的心态。事实上，相关企业层面的研究表明，进入行业的行为（企业决定进入某个特定的部门）是不产生利润的，但是行业技术和市场机会却会产生利润［道斯（Dosi）等，1997年］。这些市场机会与政府对这些领域的投资有关。

但是，如果私人部门潜在的、勇敢的一面由于政府部门的加入而减少，那该怎么办呢？我们不要利用“挤出效应”来研究这个问题，而要从建立更加共生和更少寄生性的私人和公共合作的伙伴关系出发。问题不在于政府资助太多的创新，使私人部门缺乏斗志，而在于决策者没有足够的决心把这种伙伴关系树立成一个标杆（其中，私人部门也需应对挑战）。相反，大型研发实验室已经关闭，研发经费也在下降，对企业的研发支出在许多国家都在下降，如英国［休斯和明娜（Mina），2011年］。虽然国家的研发与业务支出往往是相关的（前者是后者的目的），但决策者要更为勇敢，不仅要满足资金需求，而且应要求这些行业企业增持自己的股份和对创新有所承诺。麻省理工学院最近的一项研究表明，目前美国缺乏像施乐帕克（Xerox PARC）研究中心这样的实验室［生产苹果公司和微软公司操作系统的图形用户界面（Graphical User Interface，简称 GUI）技术］和贝尔实验室（Bell Labs）——由政府机构预算共同资助，这是美国创新机器受到威胁的原因之一（麻省理工学院，2013 年）。

这个问题在制药等行业也普遍存在，政府部门在研发方面的投资趋势有所增加，而私人部门的支出却在减少。据拉佐尼克和图卢姆（Tulum）于 2012 年的统计，美国国立卫生研究院在过去 10 年中花了 3 000 多亿美元（仅 2013 年就花了 293 亿美元）参与研发，这意味着它们吸收了更多的药物开发成本（如临床试验），而大型制药公司将花费更少的研发费用，许多公司甚至关闭了它们的研发实验室。当然，研发总额可能会增加，因为开发部分的成本越来越高，但这掩盖了根本问题。虽然一些分析师认为研发成本低是因为研发的效率低（增加的支出不与具体的效用相匹配），但是其他人，如安杰尔［《新英格兰医学杂志》（*New England Journal of Medicine*）的前编辑］，更明确地指责大型制药公司没有分享它们的股份。她认为，几十年来，激进药物已经从公共实验室中脱颖而出，私人制药公司更多地关注“创新仿制”（me-too）药物（对现有药物稍加改良）和市场营销（详见第三章）。近年来，大型制药公司的首席执行官承认，他们决定缩小或在某些情况下关闭其研发实验室，因为他们认为在“开放”的创新模式中，他们的大部分研究都是通过小型生物技术公司或公共实验室来完成的［甘巴德拉（Gambardella），1995 年；《中国简报》（*China Briefing*），2012 年］。因此，大型制药公司的重点转向与这样的机构合作，并在其他地方积聚力量，而不再资助研发。

金融化趋势

我们跳到第九章关注的一个最大的问题：在研发方面支出的减少与私人部门“金融化”保持同步。虽然很难证明这二者的因果关系，但不可否认的是，大型制药公司一直在减少研发的支出。它们一直在增加回购股份所用资金的数量—— 用以提高股价，从而影响股票期权的价格以及与期权挂钩的高管薪酬。例如，2011 年，辉瑞公司（Pfizer）以 62 亿美元的股息，回购了 90 亿美元的股票——相当于其净收入的 90% 和研发支出的 99%。2003—2012 年，辉瑞公司用于股票回购的支出相当于其利润额的 71%，而股息支出则相当于其利润额的 75%（拉佐尼克，2014 年）。从 1992 年开始，全球最大的生物制药企业安进公司（Amgen）每年都回购股票，2011 年一年的股票回购支出为 83 亿美元，截至 2011 年，累计股票回购支出高达 422 亿美元。自 2002 年以来（2004 年除外），安进公司的股票回购成本已经超过了公司每年的研发支出；1992—2011 年，其股票回购支出是研发支出的 1.15 倍，是净收入的 1.13 倍（拉佐尼克和图卢姆，2011 年）。事实上，顶级制药公司在国家花费更多的同时，在研发上花费的资金却越来越少。尽管它们增加了在股票回购上的花费，但这种特殊的创新生态系统却比共生的生态系统更具有寄生性。这不是“挤出效应”，这是搭便车。股票回购计划推动了股价上涨，这有利于高管人员、管理人员和拥有大部分股份的投资者。提高股票价格并不能创造价值，但有利于提现。因此，股东和高管层可以通过国家掀起的创新浪潮而获得奖励。在第九章中，我将更仔细地研究价值提取的问题，并将探讨如何把创新收益返还给员工和政府——他们也是创新过程中重要的贡献者和利益相关者。

不幸的是，新兴的清洁技术部门似乎出现了同样的问题。2010 年，美国的一个行业协会——能源创新理事会（AEIC），要求美国政府将清洁技术支出增加3倍，达到每年160亿美元，另将10亿美元划拨给高级能源研究计划署（Advanced Research Projects Agency-Energy）（拉佐尼克，2011年）。另外，能源创新理事会在2001—2010年共斥资2 370亿美元进行股票回购。2011年，能源创新理事会主要董事的集体净收入为370亿美元，研发支出约为160亿美元。该理事会认为，它们的资源不足以促进更清洁的技术创新。这表明要么政府作为创新的第一驱动者，要么理事会自己承担风险，抑或两者兼而有之。

股票回购的问题不是孤立的，而是普遍的：在过去的10年里，标准普尔500公司在股票回购上花费了3万亿美元（拉佐尼克，2011年）。最大的回购者（特别是石油行业和制药行业）声称，这是由于缺乏新的机会。事实上，在许多情况下，公共部门正在为医药和可再生能源（市场风险和技术风险高）等新机会注入最高昂的投资［全球风能协会（GWEC），2012年］。这就引发了一个问题，即“开放式创新”模式是否正在成为一种不正常的模式。种种迹象表明，随着大型公司越来越依赖与小公司和政府部门的联盟，相对于长期投资，大型企业（通过市场手段）更多地投资于短期利润。我在第九章和第十章将会谈到这个问题。

如今，“新”产业政策又回到了议程上，许多国家试图重新平衡它们的经济发展方向，从金融转向实体经济。这就牵涉到一个比以往任何时候都更重要的问题——这种平衡将会带来什么？（马祖卡托，2012年）。一些人关注的是不同类型的私人部门与政府部门的伙伴关系，这些伙伴关系可以促进创新和经济的增长。我在这里讨论（并将在第八章和第九章中重点讨论）的是我们需要更加谨慎地建立一种增加所有参与者利益的伙伴关系。这种伙伴关系并没有因为经济的金融化导致风险的社会化和回报的私有化。

罗德里克（Rodrik，2004 年）的观点尤为重要，他强调重新考虑公共和私人部门互动的必要性，并更多地关注过程，而不是政策结果。他认为，问题不在于运用哪种类型的工具（研究税收减免与补贴政策）或选择哪种类型的行业（钢铁行业与软件行业），而在于政策如何培养自我发现的过程，从而培养创造力和创新精神。虽然我同意罗德里克关于需要促进探索和试错的观点（这实际上是“经济变革进化论”的核心原则，我在第二章中将展开讨论），但技术变革的历史告诉我们，在这个过程中选择特定部门是至关重要的。如果没有美国国防高级研究计划局强有力的“挑选”，互联网就不会产生；纳米技术也同样如此，它是由美国国家科学基金会和国家纳米技术倡议委员会（National Nanotech Initiative）“选出的”（将在第四章中讨论）。也就是说，绿色革命直到被国家坚定地选择和支持之后才会腾飞（将在第六章和第七章中讨论）。

针对凯恩斯（1926 年）关于政府的本质作用的基本观点，我们需要问的是：横向和纵向的政策工具是如何使看似不可能的事情发生的？研究税收减免的问题不能归咎于具体的政策工具，而是因为设计错误和不增加研发的私人投资。相关证据表明，瞄准研发劳动力而不是研发收入（通过信贷）是一种明智的选择［洛克辛（Lockshin）和莫南（Mohnen），2012 年］。在生命科学这样特定的领域投入资金并不是因为它是“被选中的”，而是因为它在得到支持之前，它的功能并没有被全面地展现出来。许多“生命科学”公司专注于股票价格而不增加研发投资，并且只是简单地补贴它们的研究，这样只会使问题更加严重，而不会像罗德里克所呼吁的那样去学习。

第二章

技术、创新与成长

你会看到计算机时代到处都是生产力统计。

——索洛（Solow）

《经济学人》于2010年在关于世界经济的特别报告中指出：

> 总之，一个明智的创新议程与富有的政府意欲支持的动议有所不同。大力创新将更多地解放市场，而不是选择赢家；更多地为明智的想法创造条件，而少谈像绿色工作这样的承诺。但是，制定这种政策需要勇气和远见——大多数富裕经济体并不能表现出足够的实力。

这种观点受到一些进步学者的支持，他们认为国家只能创造创新条件：

> 国家将确保市场达到“恰到好处”的平衡，这将促进创新，为创

新者提供充足的投资，并将发挥至关重要的作用［伦特（Lent）和洛克伍德（Lockwood），2010 年］。

这个观点除了纠正市场失灵以外——投资于基础科学、教育和基础设施，对政府几乎没有什么要求。政府所谓“适当的”角色不是一个新的问题，而是对学术文献中相关创新对经济增长的作用进行更广泛的了解的问题。

100 多年前，当亚当·斯密讨论他对“看不见的手”的看法时，他认为，资本主义市场本身就会自我调节，政府的作用仅限于创建基础设施（学校、医院和高速公路），确保私有财产和行为人之间的“信任”（道德准则）并让这种信任得到培育和保护（亚当·斯密，1904 年）。亚当·斯密具有的政治哲学背景，使他的著作比他通常承认的简单自由主义经济学立场要深刻得多。但是同样存在不足：他认为资本主义的魔力在于市场有能力在不受政府强制的情况下组织生产和分配市场。

法学博士、著名经济学家卡尔·波兰尼的开创性工作反映出市场的自我调节的概念，是市场历史起源的一个误区：“持续、有组织和有控制的干预主义大大增加了自由市场的开放性。”（波兰尼，2001 年）。他接着解释道：

亚当·斯密提出“自由既简单又自然”，然而，让这个观点不违背人类社会的需求却非常复杂，难以实现。……就像发明了省力的机器却未能减少反而增加了人们的劳动量，这和我们的预料恰恰相反。实行自由市场之后，管理、规范、干预的需要远未消失，实际上这类需求却大大增加了。监管者必须密切关注市场，确保自由市场体系正常运转。

波兰尼认为，正是政府为市场经济的出现创造了条件。波兰尼的工作革命性地展示了政府与市场的区别：在所有市场中，资本主义程度最高的是全国市场，在政府的大力“推动”下产生。本地化、国际化程度更高的市场比资本主义出现得更早。如果要描述这些市场与政府之间的关系的话，那么它们和政府之间的联系反而不太密切。但资本主义通常被认为是由“市场”驱动的制度，这个观念从一开始就被政府强烈地嵌入与推行（埃文斯，1995 年）。

约翰·梅纳德·凯恩斯认为资本主义市场无论其来源如何，都需要被不断地监管，因为资本主义具有固有的不稳定性。凯恩斯认为，资本主义的稳定性依赖于保持四类消费（总需求）在 GDP 中的平衡：商业投资（I），政府投资（G），消费支出（C）和净额出口（X-M）。其中极度波动的一个关键因素是商业投资。它变化如此频繁，远非利率或税收的原因[①]，而在于它受制于“动物精神”——投资者对经济或特定行业未来增长前景的直觉假设（凯恩斯，1934 年）。在凯恩斯看来，这种不确定性不断地造成投入不足或过度投资，造成了经济的剧烈波动。凯恩斯认为，除非私人投资由于政府增加支出而得到平衡，否则消费和投资的下降将导致市场崩溃和萧条。在凯恩斯主义影响第二次世界大战后的经济政策之前，这些都是生活中经常发生的事实。

凯恩斯主义者强烈主张用政府开支来推动市场需求和稳定经济。经济学家受约瑟夫·熊彼特的启发，进一步要求政府也在那些提高国家创新能力的特定领域投入资金（下文将进一步论述）。对创新的支持可以采取在研发、基础设施、劳动技能领域以及对特定技术和公司直接或间

① 投资对税收的不敏感性导致 20 世纪 80 年代供给侧经济对投资和 GDP 的影响很小，而对收入分配产生了巨大影响。

接的投资形式。

在政治光谱（Political spectrum）的左侧，对提高计划领域的生产力的投资比简单地投资国家福利机构（如教育或卫生）的支出更少。国家福利机构如果没有生产型经济，就无法产生利润和税收收入［诺德豪斯和谢伦伯格，2011 年；阿特金森（Atkinson），2011 年］。虽然逐步的再分配政策是确保经济增长结果公平的基础，但它们本身并不会导致经济增长。不平等可能会伤害增长，但平等并不能促进增长。大部分凯恩斯主义者忽视了创造并同时重新分配财富的增长议程（growth agenda）。结合凯恩斯和熊彼特的经验，这一切皆有可能发生（马祖卡托和兰迪·雷，2014 年）。这就是为什么本书的最后几章着眼于更好地理解为什么创新与不平等可以携手并进，如何重新调整经济增长的风险和收益，以及制止现代资本主义的不幸后果——不仅出现在金融部门而且出现在 IT 行业、石油行业以及医药行业。

一般来说，凯恩斯财政支出理论与熊彼特投资创新理论之间缺乏联系。联系的缺乏归因于凯恩斯主张“无用的政府”，那就是政府对经济的干预可能基于以任何方式发生的临时支出（如同雇用工人在废弃的煤矿里挖掘宝藏）。[①] 的确，微观与宏观的联系在现代经济学中仍然不足。然而从经验上来说，这种联系是存在的。不仅是生产型投资产生了增长，而且当支出更“定向”于 20 世纪 80 年代和 90 年代的信息技术革

① 这是指凯恩斯的激进陈述，即：如果财政部用纸币塞满旧瓶子，将它们埋在废弃的煤矿中，然后用垃圾堆满表面，并容许私营企业通过经济实践的自由放任原则，再次挖掘票据（通过对土地的租赁进行招标而获得这种权利），从而使得失业率不再增加，在这种影响下，社区的实际收入和资本财富可能会比实际情况多得多。凯恩斯指的是这样一个事实：在利用能力不足的情况下，即使这样看似无用的行动也可以使经济引擎运转起来。不过，本书的重点是要说明，即使在 20 世纪 90 年代这样的繁荣时期，政府如何在开支方面提供重要的方向性指导，以及如何通过投资于私人部门感兴趣的领域来增加它们的动力。

命或者绿色革命时，凯恩斯乘数效应（multiplier effect）[①] 会更强。正如塔西（Tassey）所说：

> 最重要的问题是提高生产力的投资长期不足（如技术、人力、物力和组织资本）。增加对住房的需求确实对该行业的供应链产生了乘数效应，但与在许多行业中驱动生产率的硬件和软件的技术投资相比，这种效应相形见绌。同样重要的是，由技术驱动的供应链创造的工作，其报酬要比其他劳动报酬高得多，但是，它们必须在整个技术生命周期中持续下去。

凯恩斯着重指出，政府需要干预，以便带来稳定和防止危机。在今天看来，这无疑是一个紧迫的问题。[②] 但是为了了解这种投资的动态，我们首先要更好地理解经济增长理论的不同观点，然后确立技术和创新在推动经济增长中的作用。

技术和增长

自亚当·斯密以来，经济增长和国民财富一直是经济学家的关注焦点。20 世纪 50 年代，阿布拉莫维奇（Abramovitz）和索洛（1956 年）

---

① 乘数效应是一种宏观的经济效应，也是一种宏观的经济控制手段，是指经济活动中的某个变量的增减所引起的经济总量变化的连锁反应程度。——编者注

② 实际上，凯恩斯主义分析在经济危机理论中的应用，使人们对动态的金融市场有了正确的理解，这种应用是由海曼·明斯基开发的。明斯基（1992 年）通过强调金融市场导致危机发生的方式，聚焦于资本主义的金融脆弱性——在信贷扩张周期之后，金融泡沫产生，而增长预期被夸大，随之而来的是信贷紧缩、泡沫破裂、资产价格崩溃。与凯恩斯一样，明斯基认为政府在阻止这种恶性循环和稳定经济增长方面发挥了关键作用。

的研究表明，在美国这样先进的工业化国家，传统的资本和劳动力投入未占到经济增长的 90%。据推测，无法解释的剩余价值反映了生产率的增长，而不是生产要素的数量的增长。而且当前经济学家对于哪些因素在经济增长中是最重要的仍然存在巨大的争议。这些争议反映了对经济增长势头强劲的不同看法，却忽视了其背后的理论假设和驱动这些观点的根源。

多年来，经济学家一直试图建构经济增长模型。新古典主义经济学家哈罗德（Harrod，1939 年）与多马尔（Domar，1946 年）建立了第一个经济增长模型，而索洛建立的经济增长模型为其赢得了诺贝尔奖。在索洛的经济增长模型中，增长是通过生产函数来建模的，其中产出（Y）是有形资本（K）和人力资本（L）的函数（其他要素保持平衡）。这里的“其他要素”包括技术变革。

$$Y=f(K, L)$$

K 和 L 的增加会引起生产函数（曲线）的移动，外源性（无法解释的）技术变化会导致曲线的上升（允许 K 和 L 更有效地使用）。当发现经济产出的 90% 不能被有形资本和人力资本所解释时，索洛称之为剩余的“技术变革”。阿布拉莫维奇对技术变革所支持的社会条件的了解远远超过了索洛，他有句名言叫“剩余价值——衡量我们的无知”（阿布拉莫维奇，1956 年）。

如果底层模型的缺陷巨大，以至无法解释其所描述的 90% 的因变量，那么它就应该被抛弃，从而一种新的模型呼之欲出。确实有许多人（如琼·鲁宾逊等）对此研究了几十年。鲁宾逊和其他人也对生产函数框架非常挑剔。然而，技术变革并没有摆脱旧模式，即将技术变革简单地添加其中。索洛的理论（1956 年）被称为“外生增长理论”。由于公式中包括作为时间的趋势 $A(t)$（类似于人口的增长趋势），因此技术变革的变量具有外源性：

$$Y = A(t)f(K, L)$$

随着经济学家更加意识到技术在经济增长中的关键作用，人们有必要更加认真地考虑如何将技术纳入经济增长模式。这引发了“内生”或“新增长”理论，该理论将技术作为研发投资的内生功能，以及对人力资本形成的投资［格罗斯曼（Grossman）和赫尔普曼（Helpman），1991 年］。不像在索洛模型中的假设恒定或边际收益递减（增加运营资本，获得更小的收益），人力资本和技术的增加带来了收益的增长——经济增长的引擎。越来越多的收益来自不同类型的动态行为，这就可以解释为什么某些公司或国家的表现会持续超过别的公司或国家，而没有出现“追赶”效应。

虽然新增长理论为政府投资提供了理性的论据，但并没有明确是哪些论据。这是因为新的想法被视为公司内生的而不是将观念转化为产品所需的机构组织的一部分。然而，人们越来越强调技术变革与增长之间的关系，间接地使政府决策者关注投资在技术和人力资本方面的重要性，以促进经济增长。结果产生了旨在支持知识经济的创新主导增长政策——该术语用于表示在促进经济竞争力方面投资于更加重要的知识创新［梅森（Mason）、毕晓普（Bishop）和鲁宾逊，2009 年］。研究表明，公司的市场价值与创新绩效之间存在直接关系，因为研发支出和专利成功地衡量和支持了这些政策［格里利谢斯（Griliches）、霍尔（Hall）和佩克斯（Pakes），1991 年］。

从市场失灵到系统故障

纳尔逊和温特（1982 年）在其开拓性的《经济变革理论》（*An Evolutionary Theory of Economic Change*）中指出，生产函数框架（外生或内源性）实际上是理解技术变革的错误方式。约瑟夫·熊彼特在其 1949 年的著作中论证了生产（以及经济变革）的“进化理论”，他深入研究了生产函数的“黑箱”（black box），以及了解创新是如何发生并影响竞争力和经济增长的。在该理论中，“代表性理论”（如标准增长理论）的假设不复存在；由于不同的内部惯例和能力带来了不同的创新能力，不同的公司之间产生了持续的差异化过程。从这个角度来说，竞争是企业之间不断变化的共同演进和竞争选择的过程。而竞争选择的过程利用企业之间存在的差异，只允许部分公司生存和成长。

不依靠法律的“收益递减”（diminishing returns），而是创建一个独特的平衡和“平均”公司的假设，这种方法侧重于动态规模的收益递增[从学习动力学以及戴维（David）在 2004 年所描述的“路径依赖”动力学来看]，在不同类型的过程中长期生存的公司之间存在着持续的差异。问题是：哪些公司能够生存和成长？该问题的答案并不总是“适者生存”，而要归因于收益递增的影响（允许先发优势，再坚持下去）以及政策的影响——这些政策可能有利于某些类型的公司而不利于其他公司，也有可能是产品市场和金融市场的选择动力各不相同[杰罗斯基（Geroski）和马祖卡托，2002 年]。

最重要的是，从政策角度来看，创新是具体的，而且是高度不确定的。研究公司行为与竞争的“进化”和“熊彼特式”的研究方法，已经形成了一种“创新体系”，即在部门、区域和政府层面上，不同类型的公司嵌入在创新体系中的方式是至关重要的。在这个系统中，重要的不是研发的数量，而是如何在整个经济体中分配研发领域，这往往反映了政府在分配研发领域时的关键作用（弗里曼，1995年；伦德瓦尔，1992年）。赞同熊彼特理论的经济学家批评内生增长理论，因为内生增长理论认为研发可以像彩票一样，能够在一定数量的研发投资基础上创造出一定程度的成功创新。他们认为，事实上，创新是真正的“奈特不确定性”（Knightian uncertainty）的一个例子，它不能以一个正常的（或任何其他的）、在内生增长理论中隐含的概率分布来建模。他们认为，研发通常是用博弈论［赖因格纳姆（Reinganum），1984年］来建模的。通过强调技术创新的强烈不确定性，以及创新、增长和市场结构之间存在的非常强烈的反馈效应，熊彼特强调了技术的进步和增长。[①] 系统的创新被定义为“网络机构在政府部门和私人部门活动的交互、发起、导入、修改和扩散新技术”（弗里曼，1995年），或者“影响生产、扩散和使用新的、经济上有用的知识元素和互动关系”（伦德瓦尔，1992年）。

这里强调的不是研发的体量，而是知识的流通及其在整个经济体中的扩散。体制变迁不是基于静态配置效率的变化，而是基于它如何促进技术和结构的变化。这种观点既不是宏观的，也不是微观的，而是更为中观的——个体企业被视为与更广泛的网络合作和竞争的关系，并被作为这种网络的一部分。创新体系可以是企业间的、区域性的、政府的或全球性的。从中观的角度来看，网络是分析单位，而不是公司。网络由客户、分包商、基础设施、供应商、不同功能组织以及它们之间的联

① 异质性和多重均衡性要求这个理论分支更少地依赖于代表性机构（一般公司）和独特均衡的假设，这对新古典主义经济学是非常难得的。新古典主义经济学不使用牛顿物理学的增量演算，而使用生物数学［比如来自均值复制动力学（replicator dynamics）的距离］，这可以明确地考虑到异质性、路径依赖性和多重均衡性。参见马祖卡托的《公司规模、创新与市场结构：市场集中和不稳定的演变》（*Firm Size*, *Innovation and Market Structure*: *The Evolution of Market Concentration and Instability*）。

系（或关系）组成。其中，关键的创新能力是通过行动者网络及其联系（或关系）产生的集体活动的一部分（弗里曼，1995 年）。

在基础科学、大规模研发、应用和传播创新的过程中形成的因果关系不是线性的。相反，创新网络充满了市场与技术、应用和科学之间的反馈循环（feedback loops）。在线性模型中，研发体系被视为创新的主要来源，这激发了经济学家利用研发数据来研究经济增长的动力。一种更为非线性的观点认为，教育、培训、设计、质量控制和有效需求的作用同样重要，它更清楚地认识到创新过程的特征——偶然性和不确定性，它有助于理解历史上不同经济力量的兴衰。例如，它解释了 19 世纪的德国经济崛起的原因——国家大力发展技术教育和培训制度的结果［钱德勒（Chandler）、弗里曼，1995 年］。它还解释了在 20 世纪，由于大规模生产和内部研发的兴起，美国经济迅速崛起的原因（钱德勒，1991 年、1993 年）。由于不同的情况，美国和德国成为经济大国，但它们的共同之处在于，它们关注的是发展创新体系，而不是专注于提高或降低研发支出。

我们可以通过对比 20 世纪 70 年代和 80 年代的日本与苏联的经验来说明这一点（弗里曼，1995 年）。日本的崛起被解释为一种新的知识流经一个由通商产业省（MITI）、学术界和商业研发部门组成的更横向的经济结构。在 20 世纪 70 年代，日本研发费用支出占其 GDP 的 2.5%，而苏联的研发费用支出超过 GDP 的 4%。然而，日本最终的增长速度远远高于苏联，这是因为其研发资金分布在更广泛的经济领域，而不像苏联只专注于军事和太空领域。在日本，企业层面的研发、生产和技术进口实现了有效的融合，而在苏联，它们则是分离的。至关重要的是，苏联不允许商业企业将政府开发的技术商业化。在日本，用户与生产者之间有着很强的联系，这在苏联体系中是不存在的。日本还鼓励创新，为企业的管理和劳动力创新提供奖励，而并非集中于科学部门的创新。

查默斯·约翰逊（Chalmers Johnson）认为，“日本奇迹”本质上是因为日本是一个“发展型国家”（1982 年）①，或者通过通商产业省深思熟虑后制定的有针对性的工业政策来协调日本经济。然而，拉佐尼克（2008 年）补充道：“日本发展型国家的贡献无法抽象地从公司的发展情况来理解（如丰田、索尼或日立）。”除了日本政府对工业的公开支持之外，日本领先企业利用内部战略、组织规划和金融手段将自己“从创业型企业转变为创新型企业”，并“成功地”挑战了世界上最发达经济体的竞争力。同样重要的是，日本人在西方国家学习到的技术和经验，以及这些公司与美国公司之间的关系。这些公司受益于美国发展型国家的经验，然后将这些知识转移到日本公司。这些公司开发了内部例程，可以利用西方技术，最终超越西方。日本企业集团是 20 世纪 50 年代初从贝尔实验室获得晶体管的第一批外国公司之一，因此，它与通用电气、IBM（国际商业机器公司）、惠普和施乐帕克等西方公司建立了重要的联系。一些特殊行业如电子行业的目标明确，它们采用的组织创新系统体现了灵活的“即时性”和“全面质量管理”（这是必要的，以避免资源闲置和浪费来应对日本自然资源匮乏问题）。这个系统应用于各种各样的经济领域并取得了巨大的成功。

表 1 比较了日本和苏联的创新制度。这里需要强调的是，通商产业省的产业政策超越了今天许多人反对的“挑选赢家”的观念。日本的做法是协调内部工业变革、部门间联系、公司间联系和私人–公共空间，

① 查默斯·约翰逊在分析国家主导的日本工业化时，首先提出发展型国家这个概念。约翰逊认为，与美国所谓的“无隐形之手”的监管导向相比，日本发展型国家直接干预了经济，并由相对独立的国家官僚机构大力推进规划，这也促进了政商之间的密切联系，即政府的支持和保护促使私立精英企业愿意承担风险。

从而使经济增长能够以全面且有针对性的方式发生。日本模式替代了美国的导致工会与管理层之间僵化的“福特主义”（Fordist）生产模式，从而使经济中知识和能力的流动更为坚实，展示了日本的横向结构和灵活的公司模式的优势。而在政治谱系的两端，苏联和美国的生产模式同样僵化，使得日本模式可以取代两者。

表 1　国家创新体系比较：20 世纪 70 年代的日本和苏联

日本	苏联
国内研发总支出高（国内研发总支出在 GDP 中的占比为 2.5%）	国内研发总支出在 GDP 中的占比非常高（4%）
军事或太空方面的研发比例很低（在研发中的占比不足 2%）	军事或太空方面的研发比例非常高（在研发中的占比超过 70%）
企业层面的总研发及公司资助的研发比例高（约为 67%）	企业层面的总研发及公司资助的研发比例低（不足 10%）
企业层面的研发、生产和技术进口融合度高，用户、生产者和分包商之间联系密切	研发、生产和技术进口互相独立，各个机构之间的联系不够紧密
针对管理层及普通员工，企业出台诸多强劲的激励措施，鼓励创新	20 世纪 60~70 年代，出台了一系列强劲的激励措施，鼓励创新，但其他政策挫伤了管理层和普通员工的创新热情，抵消了激励措施的积极效果
参与国际市场竞争，经验丰富	除了军备领域积极参与国际竞争外，其他行业参与国际竞争相对较少

资料来源：弗里曼（1995 年）。

注：国内研发总支出是指一国在某一年中用于研发的所有开支。

区域创新体系侧重于在文化、地域和机构层面创造和促进不同社会经济行为者之间的交易。重点关注工业区和当地创新体系等创新环境的研究表明，区域性公约和具体的社会因素会影响到政府的技术变革。例如，在意大利工业区，具体的因素可能包括地方行政机构、工会和家族企业之间的相互作用。

超越系统故障

政府的作用不仅仅是通过国家实验室和高校创造知识，而且还需要调动资源，使知识和创新能够广泛地扩散到各个经济部门。它通过集合现有的创新网络或促进新公司（汇集了一批不同的利益相关者）的发展来实现这个目标。

演化经济学家和研究创新的学者并不关注如何纠正市场失灵，而是强调政府应该积极发挥作用，纠正“制度失灵”[伍尔图伊斯（Woolthuis）等，2005 年]。相关文献将“制度失灵”定义为一个未能发挥其核心作用（如促进创业、学习、知识传播、市场形成、资源动员等）的特定的创新制度[赫科特（Hekkert）等，2007 年；内格罗（Negro）等，2007 年]。

然而，拥有一个“正常运转”（横向和纵向联系密切，形成错综复杂的网络，能够有效利用资源、促进创新、有助于技术传播等）的政府创新制度还不够。换言之，关注“制度失灵”虽然比只盯着“市场失灵”更能触及问题的实质，却可能会造成误导。政府还必须领导产业发展，为优先发展的领域制定发展战略，推动技术进步。政府引领既不是纠正创新体系的某种失灵，也不是针对市场失灵，而是设法创造、塑造市场和制度。

这种政府角色已经被多个国家所接受，这些国家正试图赶上大多数技术发达的经济体。有一部文献专门致力于研究发展型国家的作用，即国家不仅在凯恩斯主义的需求管理中处于活跃状态，而且在工业化进程中也处于领先地位。最典型的例子是东亚经济体，它们通过规划和积极的工业政策能够在技术上和经济上赶上西方［阿姆斯登（Amsden），1989 年］。在工业化进程较晚的国家，国家本身也引领了工业化进程。它具有促进本国经济发展的功能，例如通过给某些部门注入资金，给外国竞争者制造障碍，直到目标行业的公司准备出口，还在公司寻找新的出口市场方面提供帮助。例如，在日本，约翰逊（1982 年）阐述了通商产业省如何协调日本企业在新的国际市场上的合作。这种情况发生在特定技术的投资（挑选赢家）时，以及制定具体的商业战略旨在赢得特定的国内和国际市场时。此外，日本政府通过日本银行及财政投资贷款计划（由邮政储蓄系统资助）来协调金融体系。

张夏淮（2008 年）为韩国和其他最近出现的经济体提供了类似的例证。中国也从事有针对性的工业化战略，一旦行业准备好竞争，便将其纳入世界贸易组织的管辖范围，而不是作为国际货币基金组织支持的工业化战略的一部分。中国的战略揭示了华盛顿共识（Washington Consensus）理论在经济发展方面的弱点，否认了主要的工业化国家如美国、德国和英国政府在经济发展中发挥的积极作用。

如果有强有力的证据表明，国家可以通过将资源集中在某些工业部门以占得主导地位来有效地实施有针对性的追赶政策，那为什么国家不能在发展和应用新技术方面发挥更大的作用，而不仅仅是资助基础科学和拥有支持私人部门活动的基础设施呢？

关于创新驱动因素和无效创新政策的误区

自 20 世纪 80 年代以来，各国在经济增长过程中都强调创新，这个事实使政策制定者开始更加关注研发和专利等变量，以作为创新和经济增长的预测因素。例如，欧盟的里斯本议程（2000 年）和欧洲 2020 战略（欧共体 2010 年）确定了将欧盟 GDP 的 3% 投资于研发领域，除了鼓励高校和企业之间的知识流动，还鼓励金融市场和不同规模的创新公司之间要有更紧密的联系。

尽管经济合作与发展组织（OECD）成员国在研发支出方面仍存在很大差异（见图 1），但有趣的是，那些遭受金融危机最严重后来演变成主权债务危机的欧洲国家，就是研发支出最低的国家。当然，这并不意味着它们的低研发导致了债务危机，但这肯定是相关的。就意大利而言，其债务与 GDP 的高比率（2011 年为 120%）并不是因为支出太多，而是因为错误的支出。其多年的财政赤字率相对温和，约为 4%。但是，由于缺乏对生产率提高的研发和人力资本开发的投资，意味着其经济增长率仍然低于其债务增长率（债务与 GDP 比率的分子增长超过了分母）。欧盟国家在创造长期经济增长的领域中的花费有如此差异，这是经济危机对它们影响如此巨大的原因之一。许多促进经济增长的方法都是以团结一致为前提的。德国人觉得德国的税收不应该用来纾困希腊人。他们错误地认为希腊人喜欢挥霍浪费。欧洲项目工作不仅需要“结构性”改革（增加税收倾向、劳动力市场改革等），而且特别需要政府和私人部门增加研究和人力资本投资来促进创新。在目前新的“财政协定”下，此类政策获得支持是不可能的，这种“财政协定”将欧洲成员国的支出限制在 GDP 的 3%，而不能通过创新和资本投资来促成经济增长［马祖卡托和希普曼（Shipman），2014 年］。

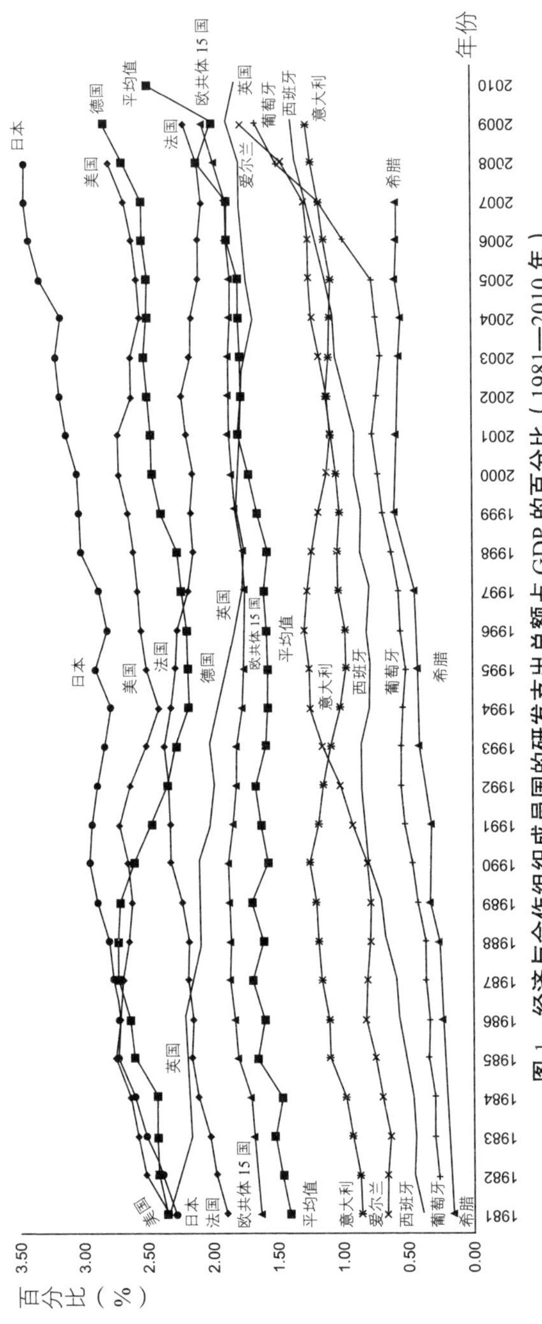

图 1　经济与合作组织成员国的研发支出总额占 GDP 的百分比（1981—2010 年）

资料来源：经济与合作组织（2011 年）。

虽然研发费用低是欧洲大部分外围国家的问题，但如果一个国家的研发支出低于平均水平就一定有问题。如果一个国家的优势不在于通过研发来进行创新，那么这并不一定是个问题［皮埃拉基斯（Pierrakis），2010 年］。例如英国的金融服务行业、建筑行业和创意产业（如音乐）——所有这些行业的基本研发需求都相对较低。而且有很多行业尤其是服务行业，根本就没有研发。然而，这些行业经常雇用大量的知识工作者来产生、吸收和分析信息。如果其他所有因素都相同，这些行业在 GDP 中所占的比重较小，那么就更容易实现研发总值占 GDP 3% 的目标（以欧盟委员会的里斯本议程和欧共体 2020 议程为特征）。但是，经济表现会如何呢？这取决于这些行业对经济的贡献。这些“低科技”行业是否提供重要的服务，以提升其他行业的价值创造能力或将为家庭消费者创造福利？或者就像金融服务业的情况一样，它们能否专注于从经济中提取价值，即使这个过程破坏了其他行业创新的条件（马祖卡托和拉佐尼克，2010 年；马祖卡托和希普曼，2014 年）？

这些简单目标遇到的问题之一是，它们将注意力转移到行业中甚至跨行业的研发支出的巨大差异上。它们还可以掩盖政府和企业在研发投资（这些投资能产生良好的经济效益）的互补水平上的显著差异。

以上从国家创新的视角系统强调了中介机构在整个系统中推动研发创造知识的重要作用。研发型创新政策的更大问题是缺乏对企业层面互补性资产的了解，如营销能力、技术创新能力等。

人们对创新引领的经济增长的认识存在诸多误区。这些都是基于对研发、小企业、风险投资和专利创新的关键驱动因素的错误论断。以下是对这些问题的简短讨论。我称它们为“误区”，尽管它们或许可以被称为导致无效创新政策的错误假设。

误区 1：创新即研发

来自不同阵营的创新经济学文献常常假定，研发与创新、创新与经济增长之间存在直接的因果关系。虽然上面提到的创新文献体系强烈反对创新的线性模型，但许多创新政策仍然以企业、行业和国家层面的研发支出为目标。然而，很少有研究证明大公司或小公司进行的创新实际上会提高它们的绩效，而创新和增长的宏观模型（无论是"新增长理论"模型还是"熊彼特"模型）却没有强大的"微观基础"（杰罗斯基和马祖卡托，2002 年）。一些公司层面的研究发现，研发对经济增长具有积极的作用［杰罗斯基、梅钦（Machin）和托克（Toker），1992 年、1996 年；安田（Yasuda），2005 年］，而其他人则没有发现明显的影响［阿尔穆斯（Almus）和内林格尔（Nerlinger），1999 年；博塔齐（Bottazzi）等，2001 年；卢夫（Lööf）和赫什马蒂（Heshmati），2006 年］。一些研究发现，研发对公司成长甚至产生不利影响，这并不奇怪：如果样本中的公司没有所需的补充资产，研发就增加了成本［布劳尔（Brouwer）、克莱因克内希特（Kleinknecht）和雷南（Reijnen），1993 年；费里尔（Freel）和罗布森（Robson），2004 年］。

因此，我们必须确定公司的具体情况，以使研发支出能够对经济增长产生积极影响。这些情况在不同部门之间无疑会有所不同。例如，德米雷尔（Demirel）和马祖卡托（2012 年）发现，在制药行业中，只有那些连续五年获得专利（持久的专利权人）以及参与联盟的公司才能从研发支出中获得利益。因此，这个领域的创新政策不仅要着眼于研发，而且要针对不同的企业属性。科德（Coad）和拉奥（Rao）于 2008 年指出，只有增长最快的公司才能从研发支出中获益。马祖卡托和帕里斯（Parris）于 2011 年指出，在竞争特别激烈的情况下，研发支出和快速增长的公司之间的关系只在行业生命周期的特定时期存在。

误区 2：小即好

人们发现，创新对业绩增长的影响对于不同类型的企业确实有所不同，这对于“小企业”提升业绩、促进创新和就业来说具有重要的意义，因此针对中小型企业的许多不同政策需要创新和发展。休斯（2008年）表明，在英国，中小型企业每年接受近 90 亿英镑的直接和间接政府资助，这超过了对警察部队的投入。这笔钱花得值吗？围绕小企业的争论主要来自规模和经济增长之间的混淆。最有力的证据强调的不是小企业在经济发展中的作用，而是在更大程度上扮演了年轻的高增长型企业的角色。例如，英国国家科学技术和艺术基金会（NESTA）指出，在英国，对经济增长贡献最大的企业是少数快速发展的企业，2002—2008年，它们创造了该国最大的就业增长（英国国家科学技术和艺术基金会，2011 年）。尽管许多高增长型企业规模很小，但许多小企业却没有高增长。[①]促进创新和创造就业的快速增长往往是由已坚守数年的公司进行的，直到它们达到了一个起飞阶段。这是一个重要的发现，因此许多政府政策都把重点放在税收减免和中小型企业的利益上，目的是使经济发展更具创新性和更能促进生产力的发展。

尽管有很多关于小企业创造就业机会的说法，而且越来越多地成为决策焦点，但这完全是个误区。根据定义，小企业会创造就业机会。但事实上，当它们破产时，它们也会毁掉大量的工作岗位。霍尔蒂万格（Haltiwanger）、贾明（Jarmin）和米兰达（Miranda）于 2010 年指出，企业的规模和经济增长之间确实没有系统性的关系，而年轻的企业（创新型企业）在创造就业和生产总值方面都有很大的贡献。

---

① 更不用说小的统计效应：当一个人的微型企业雇用额外的一名员工时，会显示出 100% 的就业增长，雇用 1 000 名员工的拥有 10 万名员工的企业将显示只有 1% 的就业增长。显然这样的微型企业在宏观层面上对失业率的下降做出了更大的贡献。

生产率是衡量企业的重要标准，小企业往往比大公司的生产率低。事实上，最近的证据表明，一些偏爱小企业的经济体（如印度）实际上表现得更糟。例如，谢长泰（Chang-Tai Hsieh）和克伦诺（Klenow）于2009年指出，印度和美国之间的总要素生产率相差40%~60%，是印度将产出分配给太多的生产率低的中小型企业造成的。由于大多数小型初创企业倒闭，或无法发展为一个独立经营者，政府只有通过赠款、软贷款或减税措施来帮助它们，这必然会造成大量的资源浪费，虽然这种浪费是创新过程中的必经阶段［詹韦（Janeway），2012年］。重要的是，我们至少要用对高增长型创新公司的了解来引导融资过程，而不是把实际上非常少的中小型企业的价值视为一个整体。

布卢姆（Bloom）和范里宁（Van Reenen）于2006年指出，小企业的生产率比大公司低，因为它们管理不善，并受到家族势力的偏袒。此外，小企业的平均工资较低，技术工人较少，培训较少，附带福利更少，破产的案例也更多。他们认为，与美国和德国等国家相比，英国有许多家族企业管理记录不佳。此外，这与扭曲的税收制度有关，即政府给家族企业提供了遗产税减免的优惠政策。

一些人认为，创新是经济快速发展的结果，与规模无关，而政府所能做的最好的事情就是通过鼓励创新的政策为经济增长提供条件。布卢姆和范里宁（2006年）认为，除了减免中小型企业的税负外，支持小企业的最佳方式是“通过消除各种规模企业的进入和成长障碍，确保公平竞争的环境，坚决反对大企业及其代理人的游说工作”。但正如我们将在第三章和第五章中所看到的那样，通常最具创新性的企业正是那些从直接公共投资中受益最多的企业，这使得规模和经济增长之间的关系更加复杂。

这给政府的启示是，与其向小企业发放补贴，希望它们能增长，不如给那些已经表现出雄心壮志的新兴企业提供机会。把需要创新的技术委托出去，比通过提供补贴来促进创新更有效。在预算赤字制约现有资源的时代，这种由于公司的规模而给予补贴和福利的做法，缺乏理论依据［施密特（Schmidt），2012 年］。

误区 3：风险资本即风险

如果小企业的作用和研发作用被政策制定者夸大了，那么就会有风险资本创造经济增长潜力的炒作，特别是在以知识为基础的行业中（资本密集度和技术复杂性都很高）。

风险资本是一种专注于早期、高潜力增长型企业的私募股权资本。这些资金要么作为种子基金，要么作为后期的增长资金，在首次公开募股（IPO）、合并或收购公司之后，风险资本家的目标是获得高回报。风险资本填补了新公司的资金空白，这些公司往往难以从银行等传统金融机构获得信贷。因此，这些公司通常不得不依赖其他类型的资金来源，如“不参与企业管理的投资人”（包括家人和朋友）、风险资本和私人股本。对于以知识为基础的新公司试图抢占市场份额，或对于试图组建新部门的新公司而言，这种替代性的资金显得尤为重要。

风险资本在企业成长的萌芽阶段是稀缺的，因为萌芽阶段的风险较高，创意理念及其技术条件、需求条件是完全不确定的（见表 2）。在企业发展的后期，风险急剧下降。

表 2　投资的不同阶段面临的损失风险

投资节点	风险概率 (%)
萌芽阶段	66.2
创建阶段	53.0
第二阶段	33.7

（续表）

投资节点	风险概率 (%)
第三阶段	20.1
成熟阶段或预上市阶段	20.9

资料来源：皮埃拉基斯（2010 年）。

图 2 显示了风险投资通常出现在创新过程的阶段（表 2 中的第二阶段和第三阶段）。事实上，真实的画面更加非线性，并充满了反馈循环。许多公司在新的科学或工程发现过程中和成功转型为商业应用的过程中破产。因此，图 2 中的第二阶段到第三阶段，通常被称为“死亡谷”。

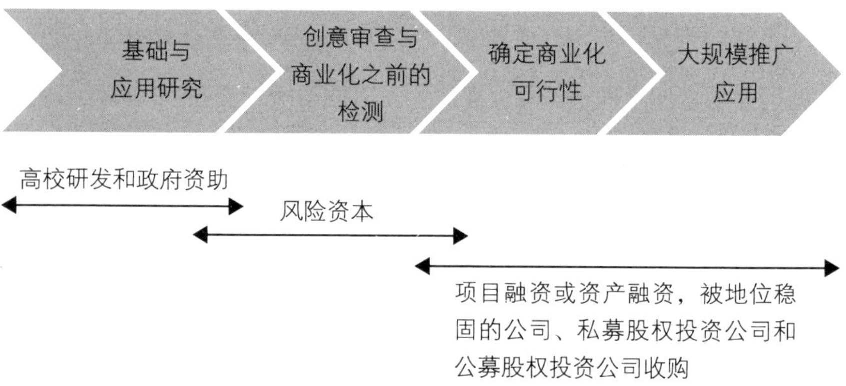

图 2　风险资本投资阶段

资料来源：高希（Ghosh）和南达（Nanda），2010 年。

图 2 并没有说明公募资金比私募资金承担了更大的风险。在美国，小型企业创新研究项目和美国商务部的高级技术项目（ATP）等政府项目为早期技术公司提供了 20%~25% 的资金［奥尔斯瓦尔德（Auerswald）和布兰斯科姆（Branscomb），2003 年］。因此，政府不仅在图 2 所示的早期研究中发挥了主导作用，而且在商业可行性研究阶段也发挥了重要作用。奥尔斯瓦尔德和布兰斯科姆（2003 年）声称，政府为早期技术公

司提供的资金与“不参与企业管理的投资人”的总投资相当，大约是私人风险投资的 2~8 倍。

风险投资基金往往集中在潜在增长率高、技术复杂性低、资本密集度低的阶段，因为往后的阶段投资成本大大提高。由于在高危的成长阶段有如此多的投资失败的案例，风险投资基金往往拥有不同的投资组合，只在尾部（极端情况）获得高回报——这是一种典型的偏态分布。

虽然大多数风险投资基金组织通常有 10 年的寿命，但由于受管理费和高额回报的激励，它们往往倾向于提前退出。为了保持一个良好的投资记录以便筹集后续资金，早期退出是首选。这就造成了风险投资基金对商业可行性为 3~5 年的项目有偏见（高希和南达，2010 年）。而在现实生活中，这种偏见少有发生。就像生物技术或绿色科技这样的新兴行业，其知识基础（knowledge base）仍处于早期探索阶段，这种短期偏见正在损害科学探索过程，这个过程需要更开阔的眼界和对失败的容忍。在美国，风险投资不仅提供了资金，还提供了管理专业知识，并建立了可行的组织机构（拉佐尼克，2012 年）。

问题的关键不仅在于萌芽阶段缺乏风险投资，还在于风险投资有其自身的目标。这在生物技术产业中得到了有力的证明：越来越多的研究者批评了风险投资的科学模型，表明重要的投资者的投机行为会对潜在创新造成不利的影响［科里亚特（Coriat）、奥尔西（Orsi）和温斯坦（Weinstein），2003 年；拉佐尼克和图卢姆，2011 年；米罗斯基（Mirowski），2011 年］。许多风险资本支持的生物技术公司最终一无所获，而那些投资于公共市场的风险投资公司却赚了数百万美元，这是很有问题的。这需要质疑风险资本在支持科学发展中的作用，以及它对经济增长的影响。越来越多的人关注专利和风险投资，这并不是理解风险和长期创新的正确方式。皮萨诺（Pisano）于 2006 年宣称，事实上，股票市场从来没有被设计用来处理由研发驱动的企业所提出的管理挑战。米罗斯基（2011年）将风险资本支持的生物技术模型描述为：

任何产品线缺乏商业化的科学研究，依赖于早期的风险投资和后期上市，源于或将取代学术上的研究，以并购为最常见的终端状态，致力于促进大型企业的研发外包以摆脱原有的内部束缚。

该模型的问题在于，“科学的逐步商业化”似乎是徒劳的，因为它很少生产产品，并会随着时间的推移质疑先前的科学发现。

詹韦（2012年）提出了另一种观点，认为股市投机是创新的必要条件。然而，他所说的资本主义的半自然因素（semi-natural element）是一个漫长的政治游说过程（拉佐尼克，2009年）。纳斯达克设立了一个投机市场以提供高科技初创企业所需的资金，但它很快便退出市场。而没有纳斯达克在1971年的这次行动，风险投资就不会在20世纪70年代成为一个定义明确的行业。风险投资和纳斯达克的共同进化是由政策引发的结果。而詹韦没有强调的另一个因素是，风险投资的收益与所承担风险不成比例。詹韦自己的华平投资公司（Warburg Pincus）在一场交易中赚了数百万美元，他承认，公司是在政府做了大量的工作之后才开始投资的。尽管他说投资的时期是必要的，但面对风险投资，他并没有在如何获取高回报方面提供建议。而且风险投资也不会成为公司最大的敌人，因为作为一个公共资金低端说客（税收低），公司将无法为未来的风险投资和创新提供资金。

误区 4：看看所有的专利，即知我们生活在知识经济中

类似于“创新即研发”的误区，人们对专利在创新和经济增长中的作用存在误解。例如，当政策制定者研究制药行业的专利数量时，他们认为这就是世界上最具创新力的行业之一。然而，专利数量的增加并没有反映出创新，而是反映了专利法律的改变以及使用专利的战略。在IT 行业，专利的开发和保护是由内部研发的专利技术以及在开放系统中的交叉许可而引起的，其目的是购买其他地方生产的技术和专利 [切斯布洛（Chesbrough），2003 年；格林德利（Grindley）和蒂斯（Teece），1997 年]。这导致了 IBM 等大公司研发预算的下降，与此同时，它们的专利数量却在上升（拉佐尼克，2009 年）。没有认识到这些动态，就会导致对专利数量的误解。

专利数量的指数性上升，以及这种上升与实际创新（如新产品和新工艺）之间的关系越来越模糊，其中的原因多种多样。首先，可以获得专利的发明类型已经扩大，包括公共资助的研究、上游研究工具（而不仅仅是最终产品和过程），乃至如基因等现有研究对象的发现（而不是发明）。1980 年的《拜杜法案》（Bayh-Dole Act）允许公共资助的研究获得专利，而不是仅仅停留在公共领域，这促进了生物技术产业的繁荣，因为大多数新的生物技术公司都是由大学实验室发展而来的，并获得了大量的国家资金。此外，风险投资通常使用专利来表明公司投资的方式，这意味着专利对有意吸引融资的公司的战略价值增加了。所有这些因素造成了专利数量上升，然而它们中的大多数都没有什么价值（从其他专利中获得的引证很少），而且大多数都没有导致大量的创新，例如制药行业中的新药（见第三章中的图 5）。因此，过多地关注专利的数量，而不是针对特定类型的专利（如那些被频繁引用的专利），可能会浪费大量的资金，如下面所述的“专利盒”案例。

研究人员认为，最近关于专利的许多趋势，如“研究工具”等上游专利的增加，导致了创新率不升反降，因为它阻碍了科学以开放探索的方式向前发展的能力［马佐莱尼（Mazzoleni）和纳尔逊，1998 年］。在发达国家进行的重复实验特别不利于发展中国家科学家能力的提升——无法复制结果，发展中国家无法从这些实验中创造价值，从而损害了它们的赶超能力［福雷罗–皮内达（Forero-Pineda），2006 年］。

尽管大多数专利都没有什么价值，而且在创新动态中扮演着一个颇有争议的角色，但不同的政府政策仍然认为专利与正在进行的高科技研发有着紧密的联系，并且必然会鼓励创新，引领增长。2010 年 10 月，乔治·奥斯本（George Osborne）（英国财政大臣，相当于其他国家的财政部长）宣布，英国政府将从 2013 年开始实施“专利盒”政策，这将降低占专利收入 10% 的企业所得税的税率。这当然符合当前政府的意愿，投资和创新可以很容易地通过税收政策来推动。最近，荷兰也出台了同样的政策。

英国财政研究所（IFS）反对这种政策，声称其唯一的作用是在不影响创新的情况下减少政府（大量）的税收［格里菲思（Griffith）等，2010 年］。有研究认为，针对研发的税收抵免措施足以解决围绕研发的市场失灵问题，而“专利盒”政策的针对性较弱，因为政策针对的是专利技术所产生的收入，而不是或创新本身。此外，研究指出，“专利盒”政策将增加税收系统的复杂性，因此需要严密的监管系统以确保收入和成本被适当地分配给专利，以及企业不会滥用职权［米勒（Miller）］。另外，巨大的不确定性和专利技术的滞后性，将抵消激励的作用。

最近，欧盟委员会行为准则部门发布了一则官方消息，认为英国的“专利盒”政策违反了欧盟商业税行为准则（旨在避免有害税收竞争）

(米勒，2013 年)。由于国际合作越来越平常，出台“专利盒”政策的国家或许并不鼓励人们做更多的研究。除了英国以外，欧洲还有 10 个国家也制定了类似的“专利盒”政策。鉴于此，出台“专利盒”政策的国家不太可能开展更多研究(米勒，2013 年)。总之，各种不同的所谓知识产权盒制度，制定和监督成本高，给各个国家带来的收益却难以确定[埃弗斯(Evers)等，2013 年]。“专利盒”政策最终会造成收入再分配偏向那些有能力购买专利的大公司，同时还会造成专利战。这些负面影响将扼杀而不是促进创新。

误区 5：欧洲的问题在于商业化

人们通常认为，与美国相比，欧洲在创新方面的主要劣势在于缺乏商业化的能力(见图 2)，这源于知识转移的问题。事实上，欧盟的问题不是来自研究的知识流动不足，而是来自欧盟企业的知识储备不足，这归咎于政府支出和私人支出在研发上的巨大差异。在美国，研发支出占 GDP 的比例为 2.6%，而英国仅为 1.3%。在意大利、希腊和葡萄牙——欧元区危机影响最严重的几个国家——研发支出占 GDP 的比例不足 0.5%(马祖卡托，2012 年)。

美国在创新方面做得更好，不是因为高校与产业联系得更紧密，也不是因为美国高校产生了更多的衍生产品。它只是反映了更多的机构做了更多的研究，从而产生了更好的技术技能[索尔特(Salter)等，2000 年]。此外，美国对于研发阶段和企业的早期技术发展阶段的投资是分开的。让欧盟的高校来承担这两个阶段的投资，则会产生不适合市场需求的技术。

然而，欧洲高校的研究质量没有问题，产业和高校之间的合作也没有问题，在这两个方面，英国甚至超越了美国。由高校孵化的公司也没有什么问题，欧洲的此类公司的数量同样超越了美国，尽管人们对这些公司的质量有很大的担忧，（索尔特等，2000 年；南丁格尔，2012 年）。如果欧洲公司缺乏创新能力，那么技术转让政策就毫无意义。

更广泛地说，在创新经济学中，经常会谈到“欧洲悖论”（European Paradox）——欧盟国家在顶级科学输出方面扮演着全球领先的角色，但在将这种力量转化为创造财富的创新能力方面较为落后。多西（Dosi）、列雷纳（Lierena）和拉比尼（Labini）于 2006 年支持了上述观点，并提供证据表明，欧洲的弱势不是缺乏科学园区，也不是缺乏教育和产业之间的互动，而是由于科学研究体系较弱，缺乏创新型企业。这给出的政策提示就是：欧洲国家较少强调“联网”，更多地强调旨在加强“前沿”研究的政策措施，它们要改变这种现状，就要实现高校与企业之间分工明确，而高校应该专注于高级研究和技术开发。

另一种看法是，欧洲缺乏足够投机的股票市场来引发风险投资（詹韦，2012 年）。虽然欧洲风险资本行业肯定存在问题［博塔齐和达·林（Da Rin），2002 年］，或许不同于纳斯达克证券市场，但这种观点忽略了过度投机的美国模式是如何破坏创新的（通过股票回购等金融手段支持短期回报）。问题在于，围绕风险投资的作用、股市和创新的作用以及对创新来源的分析，阻碍了投机和投资的“健康平衡”，并随着时间的推移还会持续下去。

误区 6：企业投资需要减少税收和繁文缛节

虽然在创新方面有所突破，但研究与发展、创新和经济增长之间没有线性关系。虽然科学前沿及经济发展的重要节点和网络能够使得知识在不同的组织和个人之间转移，但这并不意味着在单个企业中补贴研发活动是对纳税人资金的最好利用。尽管研发与成本之间存在着一种关系

（见误区 1），但大型和小型企业研发税收抵免政策的有效性调查表明，研发税收抵免政策对参与研发的决策几乎没有积极的影响，更不用说简单地向一些已经实施研发税收抵免政策的公司提供现金转账了。[①]在许多国家，在现行的研发税收抵免制度下，也存在一个潜在的问题，即公司对创新（不会自然发生）不负责任，或者只是简单地追求产品开发的常规形式。因此，随着创新型国家的建立，研发税收抵免政策将直接促进技术进步。最近，荷兰推出了研发税收抵免政策，其目标不是提高研发的投入（容易掺假），而是提高研发人员的收入——这被认为是更有效的，且创造了以收入为基础的研发税收抵免政策的先河（洛克辛和莫南，2012 年）。

更普遍的是，正如凯恩斯所强调的，商业投资（尤其是创新投资）具有“动物精神”，是投资者对经济增长前景的直觉。商业投资在很大程度上不受税收政策的影响，而受到一个国家科学基础、信用创造体系、教育质量以及人力资本的影响。20 世纪 80 年代的减税措施并没有产生更多的创新投资，只影响了收入分配（加剧了不平等效应）。出于同样的原因，人们几乎只关注税收优惠和监管弱化的创业区而不是创新区。最好的办法是省下税收减免的这笔钱并将其投资于科学园区，因为那里有更好的证据证明创新多多益善［马西（Massey）、昆塔斯（Quintas）和维尔德（Wield），1992 年］。

创新政策对于不同类型的税收措施具有不同的抵制作用，如上述“专利盒”政策或研发税收抵免政策，除非采取一种无论如何也不会发生创新投资的方式，事实也印证了这一点。最重要的是，政策制定者必

① 参见英国税务及海关总署（HMRC）发布的《研发税收抵免评估（2010 年）》［*An Evaluation of R&D Tax Credits*（*2010*）］中的例子。

须警惕那些抱怨税收和繁文缛节的公司。它们在全球的行动反映了对于一个地区的偏好，而国家正致力于在这些区域打造信心和“动物精神”。

本章认为，目前刺激经济增长的政策，其背后的许多观点不应被视为理所当然。在过去的10多年里，寻求刺激经济增长因素的决策者一直在寻找答案，如研发支出、专利、风险资本投资以及被认为对经济增长至关重要的小公司数量。我试图阐明这些观点和现在最大的误区——政府在创业、创新和经济增长方面的作用有限。

第三章

政府勇于承担风险：从“去风险”到“敢于面对风险”

不久前，法国总统弗朗索瓦·密特朗访问美国，参观了位于加利福尼亚州的硅谷（这里的独创力和创业动力催生了众多公司），想深入了解一番。在共进午宴时，密特朗总统倾听了托马斯·珀金斯（Thomas Perkins）盛赞投资者勇于冒险，敢于资助企业家创业。托马斯·珀金斯是风险资本基金合伙人，该基金创建了基因技术公司（Genentech Inc.）。斯坦福大学教授保罗·伯格（在基因工程方面成绩卓著，获得过诺贝尔化学奖）打断了珀金斯的话，并问道：“20 世纪 50~60 年代，所有的资助都集中在基础科学领域，促进产业发展的大多数科学发现都是在那个时代完成的，当时你们这些投资人身在何处？”

——亨德森（Henderson）和施拉格（Schrage），《华盛顿邮报》（1984 年）

关于政府部门、私人部门各自适合做哪类研发投资的争论，往往归结为对研发投资的两大重要特征的讨论：第一个特征是研发需要的时间长（如基础研究）；第二个特征则是研发投资推动了公共产品的发展，使企业难以分配收益。这些问题为政府部门出资提供了依据，进而证实了“市场失灵”的经典理论［布什（Bush），1945 年］。

在通常情况下，政府资助产生的影响远远超过纠正市场失灵带来的效果。政府部门更愿意面对“奈特不确定性”，投资于早期技术开发（实际上能够开发新产品及相关市场）。因特网和纳米技术的发展可以说明政府资助的巨大作用——在这两个术语尚未面世时，政府部门便大胆设想并开发了因特网和纳米技术。政府通过展望新的发展空间、确立新“使命”［弗雷（Foray）等，2012 年］，引领发展过程，而不只是为发展提供激励措施或稳定发展过程。在朱特关于“东拉西扯的争论”的论述中，“去风险”这个词未能充分体现政府的胆识。政府的作用不止要带有远见地勇担风险——并不是简单地将他人的风险转嫁给自己，让他人获得收益。正如第一章结尾部分讨论的那样，政府投资于创新型劳动的动态分工之路崎岖不平，风险众多。为了帮助我们避免第二章中讨论的各种误区，更好地描述我们探讨的风险类型显得格外重要。本章的主题便是阐述这些风险以及应对这些风险的策略。

何种风险

像经济增长一样，企业家精神是经济学中最难理解的主题之一。什么是企业家精神？奥地利经济学家约瑟夫·熊彼特认为，企业家精神指的是一个人或一群人，愿意并能够将一个新思想或一项新发明成功地转化为创新成果。凭借这种精神，企业家不仅能创办一家新企业（通俗的定义），而且能在创办企业的现有产品或流程的基础上生产新产品，推出新流程，创造新市场。他写道，企业家运用“创造性破坏产生的动力”全部或部分取代整个市场和产业中的劣质产品，创造了包括新商业模式在内的新范式，同时摧毁了既得利益型企业的领导地位（熊彼特，1949 年）。通过这种方式，创造性破坏大大激发了产业活力，有力地推动了经济的长期发展。每一项重大技术都会带来“创造性破坏”，如蒸汽机、铁路、电气、电子、汽车、电脑和因特网。每一项技术的创造力和它的破坏力一样大，但都能带来财富的增长。

弗兰克·H. 奈特（Frank H. Knight）（1921 年）和彼得·德鲁克（Peter Drucker）（1970 年）认为，企业家精神在于勇于承担风险，愿意以事业和金融安全为赌注而冒险，将时间和资本花在一项充满不确定性的风险投资上。实际上，创业中的冒险就像技术变革一样，不仅风险大，而且不确定性很高。奈特（2002 年）对风险和不确定性做了如下区分：

风险和不确定性二者的实际区别是：风险的结果分布是可知的，而不确定性的结果分布是不可知的。

约翰·梅纳德·凯恩斯（1937 年）也强调风险和不确定性二者之间的这些差异：

我所理解的“不确定性”，指的是确定无疑的事和仅有可能的事。从这个意义来说，轮盘赌游戏不会受到不确定性的影响……我用“不确定”一词表达的场合包括，欧洲爆发战争的前景不确定，或是 20 年后的铜价和利率不确定，或是一项新发明遭淘汰的可能性不确定……想要计算出这些事情发生的概率，我们根本无从下手。

技术变革是典型的不确定事例。推动技术变革的研发投入不仅需要很多年才能转化为产品，而且研发的大多数产品都以失败告终。以制药业为例，一个研发项目从启动到结束，周期可能长达 17 年。每一种药的研发成本约为 4.03 亿美元，而失败率极高——进入上市认证阶段的药品比例仅为万分之一，即成功率仅有 0.01%。在研发一种产品的路径上，人们经常会发现另一种截然不同的产品。出现意外收获是这个探索过程的一大特点。[①] 当然，这并不意味着创新全靠运气，而是建立在长期战略和精准的投资上。但是这些投资的收益却非常不确定，因此无法用理性经济理论来解读（这是当代熊彼特主义者对内生增长理论的一个批判。内生增长理论将研发作为博弈论模型的一种选择。这一点在第二章中已讨论过）。另外，各个企业的创新能力千差万别，这既是企业之间巨大差异的一个主要原因，也是几乎找不到正态分布存在于“最优规模企业”（代表性机构）的原因。其中，“最优规模企业”被新古典主义经济学理论奉为圭臬。

创新过程风险高，偶尔会有意外收获，这个特点是追求利润最大化的公司在基础研究领域投资较少的一个主要原因。这些公司投资于应用研究领域，收益更快更多。基础研究的投入状况是市场失灵的一个典型例子。仅靠市场无法实现基础研究的繁荣发展，无法满足社会需求，因此政府必须介入基础研究领域。这就是为什么不管人们的政

---

① 当新技术出现之后，科学理论才得到发展并努力去解释这些技术，历史上这样的例子很多。在莱特兄弟发明了飞机之后，空气动力学得到发展；在蒸汽机投入使用之后，人们理解了热力学。技术的发展通常略微领先于科学的进步，产业创新便向学术界抛出了这样的问题，以待解决。参见南丁格尔的《技术能力、隐形基础设施及可预测性的非社会性建构：被忽略的有益研究的固定成本》（*Technological Capabilities, Invisible Infrastructure and the Un-social Construction of Predictability: The Overlooked Fixed Costs of Useful Research*），载于《研究政策》（*Research Policy*）杂志，2004 年第 9 期。

治立场如何，很少有人不赞成以下观点：政府应该（并且确实）积极资助了基础研究领域。以美国经济为例，政府用于研发的支出只占研发总额的26%，[①]而私人部门的研发支出则占总额的67%（见图3）。如果单独考虑基础研究领域，美国的公共支出占基础研究领域经费总额的57%，而私人部门的支出在基础研究领域经费总额中的占比仅为18%（见图4）。

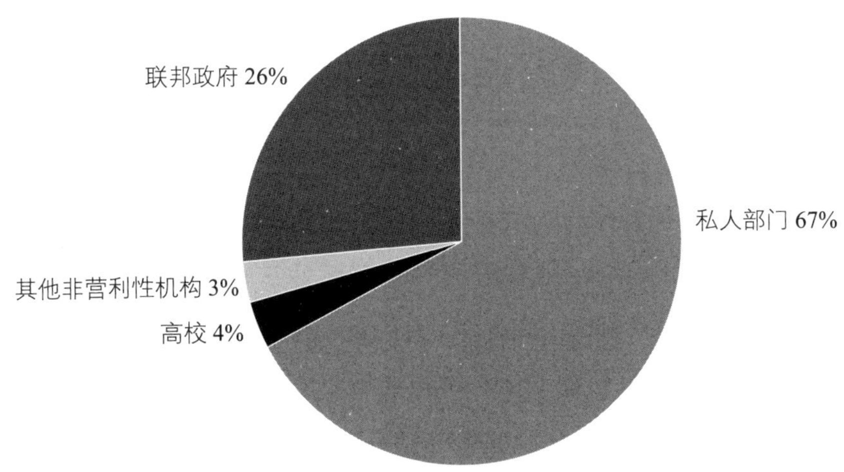

图3　2008年美国的研发经费来源

数据来源：美国国家科学基金会（2008年）。

① 值得一提的是，美国政府在拨付某些研发资金时，期望吸引配套的企业基金。换言之，拨付研发资金以吸引其他经费资助。这就意味着，许多私人部门的研发是由政府部门激发的。

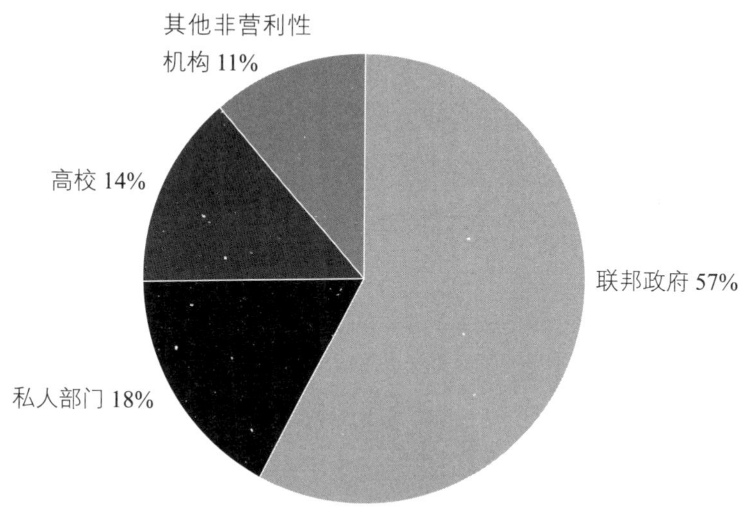

图 4　2008 年美国基础研究的研发经费来源

数据来源：美国国家科学基金会（2008 年）。

用于研发的公共支出着眼于“总体发展”而不是“任务导向”。政府的研发支出用于促进“总体发展”的不同力度，是美国和欧洲的根本差异。在理解总体“知识进步”型研发时，研发领域的市场失灵理论比任务导向理论更具说服力（马祖卡托，2015 年）。任务导向型研发投资针对政府机构项目或目标——可能隶属于诸如防卫、太空、农业、医疗、能源或产业技术部门。在一般情况下，政府的公共研发投入在研发投资总额中的占比不足 50%。2003—2004 年，韩国、美国、英国、法国、加拿大、日本和德国这七个国家的任务导向型研发支出在政府研发投资总额中的占比超过 60% [莫厄里（Mowery），2010 年]。

莫厄里认为，将从一个任务导向型研发项目中得到的启示套用到另一个项目中，这种做法很危险，因为每个项目都有其特殊性（如防卫项目与医疗项目）。他认为，在理解项目差异时，创新体系路径比市场失灵路径更有效。创新体系路径既能考虑到各个行业的不同格局和各个国家的具体情况，也能考虑到项目能否顺利实施的关键要素——每项任务的具体结构形式、组织机构及各种激励措施。

政府引领突破性（风险性）创新

用市场失灵这个概念来理解政府在创新过程中的作用会带来一系列问题。造成这些问题的主要原因是：这种解读忽视了创新过程中的一个基本事实——政府不仅资助基础研究领域和应用研究领域风险最高的研究项目，通常还直接推动突破性、开拓性最强的创新。从这个意义来说，政府不仅弥补了市场缺陷，还积极创造了新市场。本书第四章将对此做详细分析。通过回顾国家在因特网和纳米技术行业的引领作用，我们更深入地理解了研发和经济增长之间的关系以及公共部门与私人部门之间的差异。

并不是所有的创新都能促进整体经济增长。整体经济增长通常是由新产品或新兴行业推动的，因为这些新产品、新兴行业能够影响经济体中的众多产业，电气产业和计算机产业的兴起便是如此。宏观经济学家将这些技术称为通用技术。通用技术有以下三大特征：

- 遍布众多产业，影响深远；
- 不断提升，能持续降低使用者的成本；
- 推动了发明创造，加快了新产品或新兴行业的发展速度，更容易催生创新（格罗斯曼和赫尔普曼，1991 年）。

拉坦（Ruttan）于 2006 年提出，20 世纪的每一项通用技术的发展都离不开政府长期且大规模的投资。他分析了6种不同通用技术的发展历程——美国的“大生产”体系、航空技术、空间技术、信息技术、因特网技术和核能，并得出结论：政府投资在催生这些通用技术方面功不可没。他补充道，如果没有政府的大力投资，核能根本不可能得到开发。每一项通用技术的发展都得益于资金支持和促进创新的条件。另外，设立专门机构来预见机会空间，参与风险最大、不确定性最高的早期研究，督察商业化过程，也同等重要（拉坦，2006年）。本书第四章的论述将表明，纳米技术的进展也是遵循这个模式的，很多人认为纳米技术是下一个通用技术。

美国政府引领技术开发的例子不胜枚举。拉佐尼克（2013年）总结了美国政府引领技术开发的许多例子，颇具说服力：19世纪，美国政府将土地免费划拨给私营企业修建铁路，为农业研究提供财政支持；到了20世纪，政府为航空、太空及飞机工业提供资金支持，积极推动它们的发展；进入21世纪，政府通过研发拨款及其他财政扶持，大力推进生命科学、纳米技术及清洁能源产业发展壮大。

阿巴特（Abbate）研究了美国国防部的一个小型网络项目阿帕网——旨在将国内十几家研究网站链接起来，后来发展成为因特网，联通亿万电脑和人民。他的研究揭示了因特网的发展历程。莱斯利（Leslie）于2000年指出，虽然硅谷模式对区域发展影响大、吸引力强，但很难被复制，因为绝大多数赞成硅谷模式的人都会讲述“自由创业的企业家和富有远见的风险资本家”的成功事迹，却忽视了一个关键因素，即在硅谷模式的创立和持续发展的过程中，军方功不可没。莱斯利的研究表明，“硅谷目前的格局归功于政府支出、企业战略、产学合作和技术创新联合发展模式，而这种模式深受冷战时期的国防政策和重点领域的影响”（莱斯利，2000年）。尽管如此，在决策者的眼中，硅谷是风险资本掀起革命的地方（硅谷模式的吸引力丝毫未减）。1999 年，美国国家研究委员会发布了一份题为《资助一场革命：政府支持计算机研究》（*Funding a Revolution: Government Support for Computing Research*）的报告。这份报告其实是在回顾并认可美国联邦政府在发起、推动计算机革命中发挥的重要作用。这一点将在下文详细论述。

由于美国政府发挥了引领众多行业发展的作用，从更为微观的层面来看，布洛克和凯勒（2011 年）的发现便不足为奇：1971—2006 年，在 88 项最重要的创新成果中，有 77 项（占比约 88%）依赖于联邦政府的资助，尤其是对早期阶段的资助（依据《研发杂志》的年度“百大研发大奖”名单）。《研发杂志》的研发大奖不包括 IT 行业的创新成果。

这些例子对于理解政府资助研究能产生何种影响至关重要。政府支持不仅仅体现在资助蓝天研究（blue-sky research）[①]，还体现在拥有对新兴技术的前瞻性思维。为了解释这个观点，现在我举几个美国政府早期投资于制药和生物技术产业的具体事例。

药物：激进药物与“创新仿制”药物

制药业因为新的创新分工而变得颇有趣味。虽然大型药企、小生物技术公司、高校和政府实验室都是这个产业的有机组成部分，但是，政府实验室和得到政府支持的高校在研究领域的投资，催生了最激进的药物——优先审评的新分子实体药物（见图 5）。《新英格兰医学期刊》前编辑玛西娅·安杰尔（2004 年）强有力地论述道：尽管私营制药企业为其高得离谱的药价辩解，称其研发成本高，实际上大多数真正的“创新

① 蓝天研究指的是没有明确目标的研究活动。——编者注

型”药物（如优先审评的新分子实体药物）出自政府资助的实验室。私营药企将更多的注意力集中在“创新仿制”药物（现有药物稍加改良）、药物开发（包括临床试验）及市场营销上。药企还一直抱怨政府监管抑制了制药业的发展，这真是极大的讽刺。

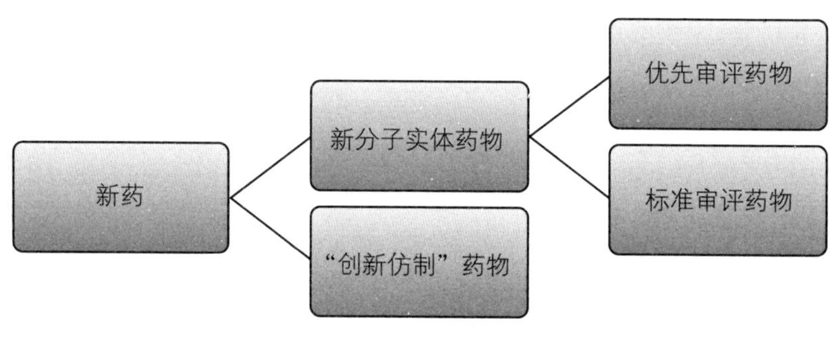

图 5　新药分类

经济学家通过比较生产投入和产出来衡量生产率。从这个标准来看，在过去几年里，大型药企的创新生产率较低。图 6 显示，美国药品研究与制造商协会（PhRMA）成员企业的研发支出呈指数级增长，新药（通常为新分子实体药物）的数量却没有相应地增加。药物专利也是同样的情况：1980 年美国颁布《拜杜法案》，允许政府资助的研究获得专利，从那以后，专利数目飙升，但是大多数专利毫无价值（德米雷尔和马祖卡托，2012 年）。如果以被引用的次数来衡量专利（重大专利的常用指标），则美国的药物专利表现平平，意味着重要的专利极少。

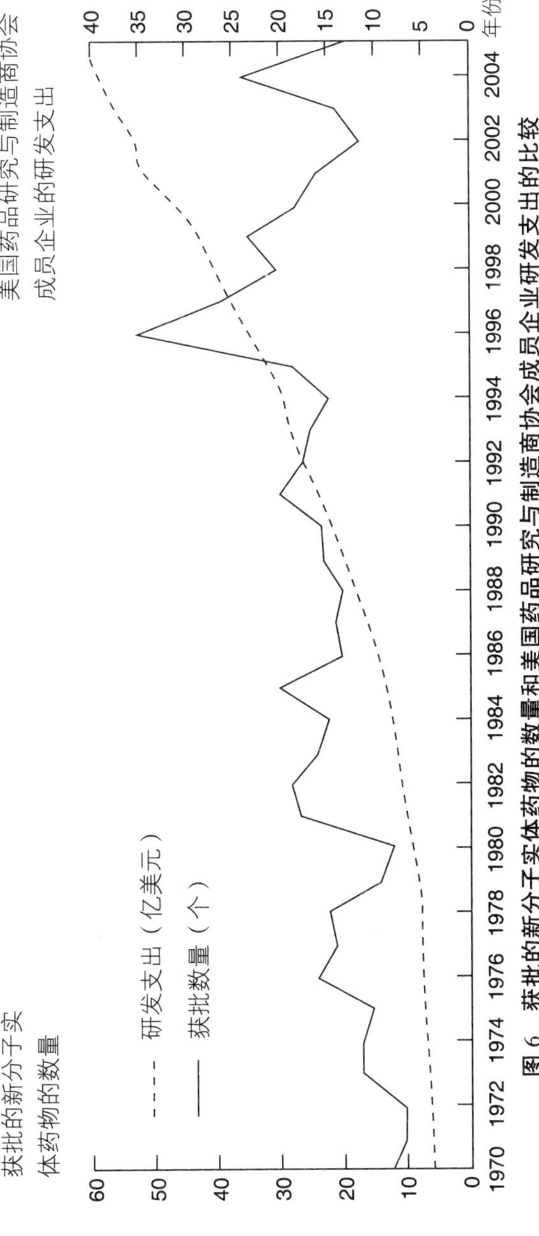

图 6　获批的新分子实体药物的数量和美国药品研究与制造商协会成员企业研发支出的比较

数据来源：美国国会预算办公室（Congressional Budget Office），2006 年。

1993—2004 年，在美国食品药品监督管理局（FDA）批准的 1 072 种药品中，只有 357 种是新分子实体药物（占比为 33%），而“创新仿制”药物则有 715 种（占比为 67%）。重要的优先审评药物的数目更是令人担忧：只有 146 种药物是优先审评药物，只占到新药品种的 14%（见图 7）。

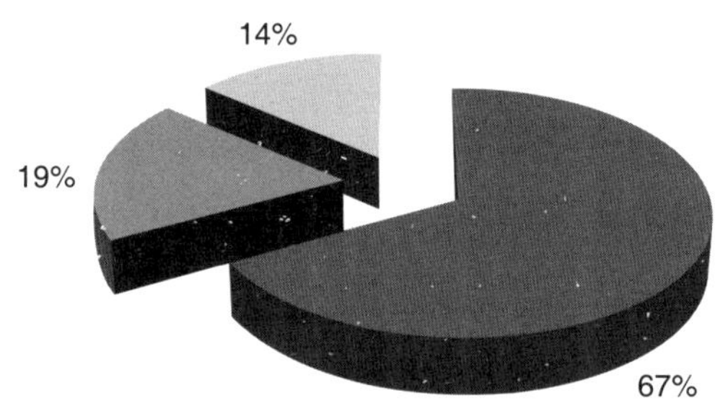

图 7 新药的不同品种所占比例（1993—1994 年）

数据来源：安杰尔（2004 年）。

本书的观点是：新分子实体药物中的 75%，其研发可以追溯到政府资助的美国国立卫生研究院的各个实验室，而不是私营制药公司，这一点非常重要。政府资助的实验室投资于风险最高的阶段，而大型药企却喜欢投资于风险较小的“创新仿制”药物。

这种情况和安伟杰（Andrew Witty）最近发表的言论大相径庭。安伟杰是总部位于英国的葛兰素史克（GlaxoSmith Kline）公司首席执行官。他说：“制药业创新程度高……如果政府努力支持而不是抑制创新，制药业将会把医药带进革命的新时代。”（《经济学人》，2010 年）正是国家实验室的“革命”精神催生了75%的激进药物，安伟杰和其他首席执行官才能将大多数时间花在如何提高公司股价上（如通过股票回购计划）。这种寄生关系是否可以持续下去，我们将在第八章和第九章中详细探讨。

生物技术：政府部门引领，私人部门滞后

英国医学研究理事会通过商业创新与技能部（BIS）从议会获得年度财政补助金。英国医学研究理事会是政府经费资助的机构，不过可以自主选择支持哪些研究项目。该理事会和卫生部、其他研究委员会、产业组织及其他参与者密切合作，确定并响应英国的卫生需求。该理事会于20世纪70年代成功地发明了单克隆抗体。据该理事会估计，在治疗癌症、关节炎和哮喘等重大疾病的所有新药中，单克隆抗体占三分之一的份额。

美国制药业的情况和英国相似。美国制药业的发展并非得益于企业融资（如风险资本），而是在政府投资及资助的引导下兴盛起来的，这和通常的观点正好相反（马祖卡托和多西，2006年）。实际上，风险资本和大型药企对生物技术兴趣浓厚似乎不合情理，因为生物技术产业的回收期长、风险大（皮萨诺，2006年）。拉佐尼克和图卢姆认为（2011年），可以从两个方面理解这种矛盾的现象：一方面，早期投资者通过投机性股市浮选（stock market floation）能够全身而退，而且愿意为首次公开募股提供资金；另一方面，过去几十年政府一直积极参与、大力支持生物技术产业，促进了该产业的繁荣发展。

实际上，美国政府在引领知识基础的发展过程中发挥了重要作用，直接推动了生物技术产业的整体发展，并使其大获成功。瓦拉斯（Vallas）、克兰曼（Kleinman）和比斯科蒂（Biscotti）于2009年精练地

总结道：

> 知识经济不是自下而上自然出现的，而是由隐性的产业政策自上而下推动的。政府领导和产业精英既大力支持政府干预以促进生物技术产业的发展，又虚伪地宣扬政府应该“让市场自由运转”。

上述引言表明，知识经济由政府引领。在政府引领经济的同时，行业领导者一方面私下要求政府积极干预以推动产业发展，另一方面却公开表示支持自由市场的发展。这种虚伪的做法造成决策者和公众非常困惑——不知道政府到底应该在经济发展中扮演什么角色。这种现象不足为奇。针对这种困惑，布洛克（2008 年）给出了解释。他说，美国的产业政策具有隐蔽性，因为决策者或主流媒体从未公开讨论过产业政策。布洛克（2008 年）主张：“就像《失窃的信》（*The Purloined Letter*）描述的那样，政府推动了产业发展，看似政府隐藏在幕后，其实显而易见。但是，市场原教旨主义（fundamentalist ideology）取得成功，造成了产业政策隐而不显。”市场原教旨主义通常在两党辩论中占上风。既然世界各国的决策者都在大力推动本国经济发展，努力复制美国的成功模式，那么现在讲述创新发展与经济增长背后的真实案例便显得尤为重要。如果发展型国家的构成要素已清晰可见并发挥着作用，为什么与之背离的价值逻辑仍能赢得胜利呢？

瓦拉斯、克兰曼和比斯科蒂在总结研究成果时发现，生物技术产业的发展得益于政府的大力推动。他们强调了“联邦政府关于研发投入的巨大转变”的重要性。他们还补充道：“知识经济不是天生的而是后天培养的，我们很难回避这个问题。”（2009 年）。尽管制药企业的研发支出数额巨大，但是这些私营企业的投资完全聚焦于“联邦机构资助产生的或实际创造的科学知识”。

美国国立卫生研究院：造浪者与冲浪者

政府以多种形式参与并支持生物技术发展，而生物制药企业赖以发展的庞大的知识基础建设取决于政府投资而不是商业投资。政府重点资助基础科学研究，从而促进了知识基础的发展。其中，最重要的机构是美国国立卫生研究院及其他政府部门。这些政府部门投资于许多关键的科研成果，而生物技术产业的成功正是建立在这些科研成果的基础之上的。拉佐尼克和图卢姆（2011 年）编制的美国国立卫生研究院的支出报表表明，该研究院的资助对生物科技创新至关重要。1938—2013 年，美国国立卫生研究院用于生命科学研究的投资总额高达 8 840 亿美元（以 2013 年美元值计算）。1938—2013 年，除了 10 个不同年份出现例外的情况之外[①]，从名义上来看，美国国立卫生研究院的资金支持每年都在增加，而风险资本和股市投资的波动性较大。

图 8 显示，1938—2012 年，美国国立卫生研究院的总支出达 8 410 亿美元（以 2012 年美元值计算）。仅 2012 年一年的预算就高达 309 亿美元。虽然企业不断游说，要求政府减税、简政放权，但是它们却严重地依赖税收资助。类似英国这样的国家越来越相信，“低税收、松监管”导致了辉瑞、赛诺菲（Sanofi）这些制药巨头的纷纷撤离，使得国家损失惨重。

① 美国国立卫生研究院的资金支持力度下降的 10 个年份分别为：1942 年、1952 年、1964 年、1967 年、1970 年、1977 年、2006 年、2011 年、2012 年和 2013 年。

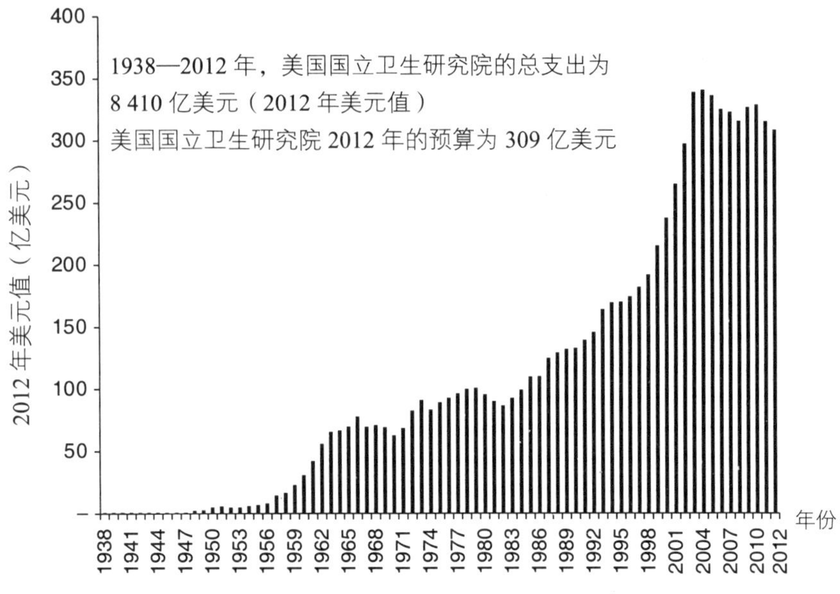

图 8　美国国立卫生研究院预算（1938—2012 年）

数据来源：美国国立卫生研究院预算办公室（2011 年）。

1976 年，第一家生物技术公司——基因技术公司成立。在此后的 35 年中，美国国立卫生研究院资助生物技术产业总额达 6 240 亿美元（数据截至 2010 年）。正如数据显示的那样，拉佐尼克和图卢姆（2011 年）认为，由于国立卫生研究院和纳税人的支持，美国政府"一直是本国（及世界）医学领域知识创造的最重要的投资者"。这种知识基础不可或缺，一旦失去这个基础，风险资本及公募基金便不可能投入生物技术产业。风险资本和公募基金能紧跟创新浪潮而不能掀起创新浪潮。

美国国立卫生研究院通过近 50 000 项竞争性拨款，为分布在全美各州及世界各地的 3 000 多所大学、医学院及其他研究机构提供支持，资助的科研人员总数超过 325 000 名。这些拨款占国立卫生研究院预算的 80%，还有 10% 的预算用于为研究院所属实验室 6 000 名科研人员发放工资。国立卫生研究院在马里兰州拥有26个研究中心，它们的规模在不断扩大，它们在生物技术产业中的地位日益突出。除了这些“创造知识的项目”之外，在美国大多数的生物药品中都能找到政府支持的踪迹（瓦拉斯、克兰曼和比斯科蒂，2009年）。虽然许多生物技术专家承认，政府的大力支持推动了科学基础快速发展，但他们没有认识到，美国政府的长期支持推动了知识基础的持续发展，促成了生物技术产业的蓬勃发展，吸引了纷至沓来的投资者。

可是，为什么在生物技术革命兴起的过程中，风险资本却备受好评？关于生物技术领域的私人投资和政府投资的情况，保罗·伯格（1980年诺贝尔化学奖得主）在本章开篇已经描述得非常精当。其实，保罗认识到，政府具有胆识、远见及资金（这些正是私人部门缺乏的），从而能为产业的发展奠定良好的基础。更合理地说，政府投资新技术充满了令人担忧的不确定性，即政府正在将这种不确定性转化为风险。

本章旨在说明，政府投资的不止是蓝天研究。其实，政府投资适用于各类充满风险和不确定性的研究，因为在很多方面私人部门的创新精神不如政府部门：私人部门不愿投资激进产品和新兴行业，因此最不确定的投资便由政府首先启动。蓝天研究是实现创新的必要条件，但绝不是充分条件，因为政府在其中发挥了更大的作用。我将在第四章继续讨论政府引领的深度和广度是如何推动知识经济发展的。我将在第五章中以苹果公司为例，探讨该公司的发展历程。苹果公司从政府资助的蓝天研究及促进研究成果商业化的政策中受益匪浅。

第四章

美国创新型政府

自从建国以来，美国政府一直在两大传统中左右摇摆——亚历山大·汉密尔顿（1755—1804）主张推行积极政策，而托马斯·杰斐逊（1743—1826）则信奉“管得最少的政府就是最好的政府”。随着时间的推移及受到美国实用主义的影响，两大传统之争得到顺利解决：杰斐逊主义者主导话语权，汉密尔顿主义者主导政策权。

——埃里克·赖纳特（2007年）

尽管美国被看作是私人部门引领财富创造的典型代表，实际上，美国政府广泛参与创业并承担风险，以推动创新。本章列举四个重要的成功案例：美国国防高级研究计划局、小型企业创新研究计划、《罕见病药物法》(美国1983年通过该法案，欧盟仿照美国于2001年通过了《罕见病药物法》）和国家纳米技术计划。这四者的共同之处是，政府积极塑造了市场，驱动了创新。我们得到的启示是，美国是创新型社会，在文化上一直支持创办、发展企业，另外，美国政府还能发挥创业职能，投资激进领域。政府提供早期资金，而风险资本却选择远离，同时政府还鼓励私人部门从事高端创新工作——如果没有公共政策支持创新战略与前瞻思维，这些工作便会停滞不前。

我已论述了技术创新是促进经济快速增长必不可少的推动力，研发支出、企业规模、专利数量和经济创新水平四者之间没有线性关系。但是，众所周知的是，创新需要必要的条件——拥有高度网络化的经济，不同个体和众多组织之间建立起持续的反馈循环，知识分享及知识边界的扩展。

本章试图说明，在知识的前沿，仅有一个全国性的创新体系是不够的。当在这个体系中发挥重要作用时，政府必将取得更多显著的成果。这种作用不一定体现在国家层面，也不会以长期贴补某些企业（挑选赢家）的形式出现。政府通过众多机构和实验室，可以快速传播新理念；也可以灵活发挥作用，运用采购、委托及监管职能塑造市场，驱动技术进步。这样，政府便成了变革的催化剂和创新的火种。

美国国防高级研究计划局

军方的参与推动了经济增长与发展，就这一点而言，美国的发展史和其他西方发达国家如出一辙。然而，美国的技术发展需要为赢得战争服务，这个使命为那些设法优化创新政策的政府提供了宝贵的启示。

美国政府支持国防高级研究计划局的模式远不止资助基础科学一种。政府将目标锁定在特定领域和特定发展方向的资源上，开启新的机遇之窗，帮助参与技术开发的公共主体和私营主体建立联系，包括实现私营风险资本和公共风险资本之间的良性互动，促进研发成果的商业化推广［布洛克，2008 年；艾丽卡·富克斯（Erica Fuchs），2010 年］。

市场原教旨主义者强调，“罗斯福新政”是美国经济史的重要转折点。布洛克（2008年）则提出了一个不同的观点，他认为第二次世界大战是美国创新政策发展的一个更重要的时期。正是在二战结束后，五角大楼、原子能委员会和美国国家航空航天局等国家安全机构才加强合作。这些机构之间通力合作促进了技术的发展，研发出了计算机、喷气式飞机、民用核能、激光、生物技术等新成果（布洛克，2008年）。开启这种合作模式的先驱是美国国防部于1958年设立的国防高级研究计划局。该机构参与开发各类技术的重要研究项目。所以说，政府支持推动了计算机领域的技术进步，确立了科技政策的新范式。

组建国防高级研究计划局是为了让美国在众多产业上拥有技术优势，主要是那些与科技相关的产业。该机构一直坚持任务导向的发展理念，拥有员工240名，每年的预算超过30亿美元，运转方式灵活而运营费用很少，独立于政府之外而和政府联系密切。该机构能够成功地招募到具有冒险精神的优秀的项目经理，因为他们的聘用期只有短短的4~6年。这种组织架构意在将长远的蓝天研究和军方的渐进型技术（incremental technological）发展联系起来，以缩小两者之间的差距。

美国凭借政府资助并组织实施的研发项目推动了技术发展，从而在第二次世界大战中获得胜利。1945年范内瓦·布什（Vannevar Bush）向政府提交了一份报告——《无止境的前沿科学：总统关于战后科学研究计划的报告》（*Science, the Endless Frontier: A Report to the President on a Program for Postwar Scientific Research*），呼吁政府继续支持基础科学和应用科学研究。在第二次世界大战后，美国政府迅速实施了这一政策。政府和科学界的关系因曼哈顿计划（美国主导的，联合英国、加拿大共同实施的重大科研项目，在第二次世界大战期间发明并使用了原子弹）得到进一步加强，因为物理学家能够向决策者报告新技术的军事用途。从那以后，了解哪些技术可能有军事用途和商业推广价值便成了政府的分内之事。

据布洛克（2011 年）论述，在二战后的一段时期里，大量的政府工作人员发挥了更直接的作用以推动创新，他们招募了更多的研究人员，鼓励研发人员解决具体问题，要求他们实现具体目标。我们从中得到的启示是，政府做这些事情除了能发展军事，还能促进经济发展和改善民生。

1957 年，苏联发射了人类第一颗人造卫星“伴侣号”，造成美国决策者一片恐慌——他们担心美国正输掉一场科技大战。1958 年，美国成立国防高级研究计划局便是最直接的回应。此前，美国军方只掌管军事研发经费。在国防高级研究计划局成立之后，部分军方研发经费用于蓝天思维（blue-sky thinking）——视野超前的思想，一二十年可能都不会出成果。因此，该局可以自由采取一些大胆新奇的战略推进创新技术的发展。这便为大批科学家和工程师提供了许多机会，有助于他们创新思想和从事科学研究（布洛克，2008 年）。

国防高级研究计划局不仅仅资助研究，还出资成立了计算机科学部，为初创企业提供早期研究支持，推动半导体研究和人机交互研究，重视因特网的早期研发。许多重要活动都由成立于 1962 年的国防高级研究计划局信息处理技术办公室具体实施。发展战略的实施大大推动了 20 世纪 60~70 年代计算机产业的发展。许多技术后来融入了个人电脑的设计中，而这些技术都是由国防高级研究计划局资助的研究人员研发的（阿巴特，1999 年）。

这个时期的另一个重大事件是，一批科学家和工程师离开威廉 · 肖克利（William Shockley）创办的公司，他们共同营造了新的创新氛围（布洛克，2011 年）。这批叛逆的科学家和工程师通常被称为“叛逆八人帮”（traitorous eight），他们成立了仙童半导体公司（Fairchild

Semiconductor），致力于推动半导体技术的发展，保持“经济裂变衍生出新经济挑战者的模式”（布洛克和凯勒，2011年）。拉佐尼克（2009年）补充道，这种衍生文化始于仙童半导体公司，而该公司的发展主要得益于军事采购。这种衍生商业模式切实推动了技术进步并广受欢迎。但是，如果没有政府参与并作为早期的大客户，这种模式便不可能出现。这种新范式推动更多创新理念走出实验室，走向市场。

此前，在推动技术快速发展方面，政府的影响有限，原因之一是大型军工企业转移压力并利用自身的强大力量要求创新，另一个原因是突破性创新企业很少。不确定的技术发展道路带来了一些风险，规避风险便成了企业的共同愿望，它们联合起来抵制来自政府的创新压力。然而，在一个新的环境中，初创企业雄心勃勃，企业间出现了更多的创新竞争的机会。

负责国防高级研究计划局项目的官员认识到，这种新的创新环境潜力巨大。他们能够积极利用这种有利环境，首先专注于为小型初创企业提供资金（它们所需的资金额度比大军工承包商所需的数额小得多）。这些企业意识到锐意创新是未来生存发展的重要条件。小型初创企业参与创新竞争，衍生模式逐步实现体制化。布洛克（2008年）注意到，在这种情况下，大企业也不得不纷纷寻求创新突破。政府利用这种新环境，主导大企业、小公司、大学和政府实验室投入创新，激发它们的创新活力。其他政府项目结构僵化、官僚作风严重，而国防高级研究计划局结构灵活、动力充足，能够最大限度地扩大影响力，催生整个网络体系中的创新竞争。国防高级研究计划局运用其建立的网络系统，促进了知识在相互竞争的科研团队间流动，还助力组织学术研讨会，将科研人员聚到一起交流分享，同时尝试那些被其他机构认定为“没有出路”的发展路径。国防高级研究计划局的官员是企业和科技发展的中间人，他们将大学研究人员和有志于创办企业的企业家联系起来，帮助初创企业和风险资本家建立联系，助力大公司实现技术的商业化推广，协助企业获得政府合同以支持其商业化推广。

国防高级研究计划局的官员发挥中介职能，不仅开发网络系统中的各种关系，还努力扩大在具体领域中工作的科学家和工程师的群体规模。举例来说，20 世纪 60 年代，国防高级研究计划局资助美国国内多所大学建立计算机系，培养一批拥有专业技能的研究人员。国防高级研究计划局增加了这些研究人员的数量，经过一段时间之后，便加速了计算机领域的技术变革。20 世纪 70 年代，在计算机芯片制造领域，由国防高级研究计划局资助的隶属于南加州大学的一个实验室，承担了将设计理念转化为原型机的研发重任。任何人只要拥有微芯片的高端设计能力，便可以在这个实验室制作芯片，这样便扩大了参与者的队伍，有利于研制出更快更好的微芯片。

苹果公司于 1976 年推出第一台个人计算机，开启了计算机时代。此后，硅谷的计算机产业繁荣昌盛。国防高级研究计划局在计算机产业的发展过程中发挥了关键作用，这一点引起了社会的广泛关注。但之后就被一些人遗忘，他们声称硅谷是资本主义自由市场的一个范例。例如，最近的一部名为《有冒险有收获》（*Something Ventured*，*Something Gained*）的纪录片，讲述了硅谷的发家史。该片片长 85 分钟，自始至终未提政府发挥的重要作用［盖勒（Geller）和戈德法因（Goldfine），2012 年］。

同样是在 20 世纪 70 年代，生物技术获得长足发展，向决策者阐明了国防高级研究计划局推动计算机产业发展并不是成功的特例或个案。产业政策形式分散，为计算机产业的快速发展创造了条件、立下了汗马功劳，还能够积极推动生物技术的发展壮大。

布洛克（2008 年）总结了国防高级研究计划局模式具有如下四大

特征[①]：

- 许多相对较小的办公室里却有着一流的科学家和工程师，他们支配预算的自主权较大，积极支持前景光明的想法。这些办公室积极主动而不是被动反应，为相关领域中的研究人员设定研究议程。它们的目标是要构建一个科研共同体（分布在大学、政府部门及企业），致力于解决具体的技术难题。
- 资助大学科研人员、初创企业、老牌企业和产业联盟。基础研究和应用研究之间没有明显的分界线，因为二者紧密地联系在一起。停止向那些毫无进展的团队拨付资金，而资助其他发展前景更好的团队。
- 由于国防高级研究计划局的目标是催生可以推广使用的新技术，它的使命包括帮助企业将其产品开发到具有商业推广价值的阶段。该机构能为企业提供的帮助远远不止科研资助。
- 该机构的部分职能是发挥监督作用，有效整合不同研发单位的理念、资源和人力。

政府应大力协助企业实现创新，开发新产品和新兴行业。政府扮演了让企业效仿的领导角色——政府官员亲力亲为，政府部门和企业密切合作以寻找、追踪发展前景最好的创新之路，这才是关键所在。这样，政府才能吸引到最优秀的人才，才能催生活力，而批评者常常指责政府缺乏活力。正如本书导言所说，这种指责显然是个自我应验的预言，因为政府不断遭到批评，造成信心受挫，活力受损。

① 布洛克用这个模式界定他提出的“发展型网络政府”概念，这个概念建立在发展型国家的概念之上。

第六章将会介绍美国能源部目前设立的最新机构——先进能源研究计划局（ARPA-E）是如何推进绿色能源发展的，它的发展和20世纪60~70年代国防高级研究计划局推动信息技术产业的发展如出一辙。

小型企业创新研究计划

人们通常认为，在里根政府时期，自由市场经济思想占主导地位。其实恰恰相反。20世纪80年代，在国防高级研究计划局采取分散的产业政策取得成功之后，美国政府继续推进这种模式。这个时期发生的一件最重要的事情是：1982年，里根总统签署了《小型企业创新发展法》（*Small Business Innovation Development Act*），在小型企业管理局和其他政府机构如国防部、能源部和环境保护署之间建立了一个联盟。该法案基于卡特政府时期美国国家科学基金会启动的一个试点项目。小型企业创新研究计划要求掌握大量研究预算的政府机构将一定比例（最初为1.25%）的研究经费用于支持独立的营利性小企业。因此，该研究计划扶持了一大批创新程度高的初创企业［勒纳（Lerner），1999年；奥德斯（Audretsch），2003年］。

此外，联邦政府和地方机构以政府项目的形式开展合作，并不断扩大这个协作网络。例如，联邦政府和地方政府资助一些组织发展壮大，协助企业家向小型企业创新研究计划递交申请以获得项目资助。在这个新的创新体系中，小型企业创新研究计划的功能独特，它是许多参与技术创新的企业家申请资助的第一站。该计划每年出资20多亿美元用于直接支持高科技企业，推动了初创企业的发展，引导了成百上千的新技术从实验室走向市场，实现了商业化推广运用。尽管小型企业创新研究计划发挥了巨大作用并取得成功，但令人吃惊的是，它并没有引起社会的广泛关注。从 2001 年起，英国一直努力复制小型企业创新研究计划的运行模式，到目前为止尚未获得成功（将在第五章中详细论述）。

布洛克（2011 年）强调小型企业创新研究计划不受关注，意在说明“虽然该计划推出的联邦政府项目日益重要，但从未出现在公众视野中”。本书导言和本章开头已有论述，这种反差给参与经济辩论和努力应对当前经济危机的决策者和公众带来了巨大挑战，同时为全球化的创新和发展奠定了基础。

图 9 显示，小型企业创新研究计划的作用不但没有减弱，反而加强了。因为，风险资本越来越注重短期效益，为了追求资本收益，通常通过首次公开募股早早撤出。在这种情况下，小型企业创新研究计划不得不增加风险融资（布洛克和凯勒，2012 年）。

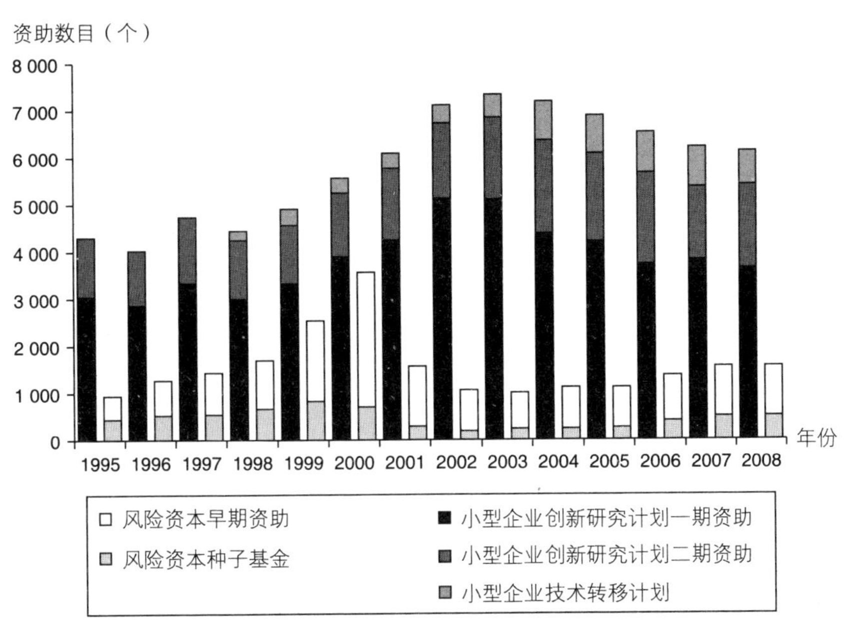

图 9　不同类型的风险资本资助的种子基金数目

数据来源：布洛克和凯勒（2012 年）。

《罕见病药物法》

1982年，小型企业创新研究计划出台。一年后，美国政府再次通过立法促进私人部门创新，这次针对的是生物技术产业。1983年颁布的《罕见病药物法》，使得专注于生物技术研发的小企业在药物市场上获得了一席之地。该法案内容包括：提供一些税收激励措施、临床试验许可、研发补贴及快速审批通道，并为治疗罕见病的药物提供有力的知识产权保护和市场推广权保护。美国将罕见病定义为每年患病人数少于20万的疾病。由于这类药物的潜在市场较小，如果没有政府的财政支持，这些药物会很“罕见”。《罕见病药物法》旨在推动制药企业投资研发罕见病药物。

《罕见病药物法》保护小企业，推动它们提升技术平台，扩大经营规模，推动它们发展成为生物制药产业的主力军。其实，健赞（Genzyme）、百健（Biogen）、安进、基因技术公司等世界知名生物制药企业能有今天，罕见病药物功不可没（拉佐尼克和图卢姆，2011年）。在《罕见病药物法》颁布之后，2 364种药品已被认定为罕见病药物，其中370种药物获得上市许可（美国食品药品监督管理局）。

除了《罕见病药物法》中列出的各种药物之外，拉佐尼克和图卢姆（2011年）还注意到，同一种药物的不同版本都可以被认定为罕见病药物。研发出治疗慢性粒细胞白血病的药物格列卫（Gleevec）的诺华集团（Novartis）便是一个明证。2001年5月，美国食品药品监督管理局依据《罕见病药物法》，授予格列卫上市许可和市场独占期。2005年，诺华集团为5种不同适应症的格列卫申请罕见病药物认定（从申请到获批用时5个月）。该公司2010年年度报告显示，格列卫的全球销售额高达43亿美元。这个事实为拉佐尼克和图卢姆（2011年）的观点提供了佐证——

即使一种罕见病药物的市场前景不好，也能为公司带来可观的收入。

从罕见病药物中获得丰厚回报的不仅是小企业。全球制药巨头罗氏（Roche）、美国强生、葛兰素史克、辉瑞制药等也纷纷为自己的药物申请罕见病药物资格认定。美国罕见疾病组织（The National Organization for Rare Disorders）是一家主要由联邦政府资助的非营利性组织，致力于鼓励大型药企和规模较小的生物技术企业签订许可协议，前者向后者转让多余的知识产权用以研发治疗罕见病适应症的药物。拉佐尼克和图卢姆（2011 年）计算了主要生物制药企业的产品总收入中罕见病药物收入的占比，从而说明了《罕见病药物法》的重要性。生物制药六强企业的财务报告显示，罕见病药物收入占这些企业的产品总收入的比例很高：它们的罕见病药物的销售额占其总收入的 59%，占其产品收入的 61%。如果将同样属于罕见病药物范畴的新一代衍生药物计算在内，这个比例（以 2008 年数据为准）会更高（占其总收入的 74%，占其产品收入的 76%）。拉佐尼克和图卢姆（2011 年）比较了罕见病药物和非罕见病畅销药物的销售情况，结果发现：罕见病药物数量越多，收入增长越快；2007 年许多罕见病药物的销售额（以美元计算）超过了非罕见病畅销药物。

不可否认，在引领生物技术产业的发展中，罕见病药物发挥了核心作用。美国政府推出许多重要的举措支持生物技术产业，扶持罕见病药物研发只是其中的一项。生物制药产业发展壮大，大型药企功不可没（在分析罕见病药物的研发历程之后，该观点更是得到广泛认可）。大型药企和生物技术产业互相依赖，而且它们之间的界限已经变得模糊。生物技术产业和生物制药产业的发展壮大、走向成功，政府的推动作用至关重要。拉佐尼克和图卢姆总结了 21 世纪初政府在推进这两大产业中发挥的积极作用：

> 美国政府仍然是创造知识的投资者、药物研发的资助者、药物市场的保护者及药物的购买者。生物制药企业只有顺利销售药物才能获利。政府的有力支持促进了生物制药产业发展成为大产业……这个产业仍然主要依靠政府的大力支持才能获得盈利（2011 年）。

政府引领创新的三个案例——国防高级研究计划局、小型企业创新研究计划、《罕见病药物法》为罕见病药物创造了市场。我们从中可以得出一个结论：过去几十年，美国政府一直用积极的干预政策推动私人部门创新发展，以实现更大的公共政策目标。政府积极干预的这三个案例的共同点是：政府的支持不限于某一家企业，却还是在“挑选赢家”；从来不对产业政策指手画脚。政府政策灵活，奖励创新，在较短时期内将资源导向有发展前景的企业，有时采取供给侧政策（如国防高级研究计划局的信息和中介支持、战略项目、远景构建），有时采取需求侧政策并为创新型企业提供资助（如小型企业创新研究计划和罕见病药物）。政府不仅创造了有利于创新的条件，积极资助了早期突破性研究，还在政府部门和私人部门之间建立起必要的联系，形成了密切联系的网络，最终促进了经济发展。这种做法和英国政府目前的政策导向相去甚远——英国政府认为自己只能劝说私人部门采取行动。

国家纳米技术计划

政府发挥创新功能，促进了新技术的发展，为持续几十年的经济发展奠定了基础。在美国最近的纳米技术发展中，我们可以看到这种强大的功能。政府做出的投资及战略决策远远不止建立合适的基础设施、资助基础研究、制定规章制度。

纳米技术极有可能成为下一个通用技术，对众多部门产生广泛影响，为新一轮经济发展奠定基础。现在大家普遍接受这个观点，但是20世纪90年代的情况却截然不同。本山（Motoyama）、阿佩尔鲍姆（Applebaum）和帕克（Parker）于2011年详细论述了美国政府是如何富有远见地构想出纳米技术革命的——“克服一切困难、出乎所有人的意料”进行早期投资，联合多家公共机构（大学、国家实验室和政府机构）构造动态网络，在可能的情况下，也联合私人部门，共同推进一场新的革命（很多人认为这场革命比计算机革命重要得多）。美国政府积极推动国家纳米技术计划，首次对纳米技术进行了定义。本山、阿佩尔鲍姆和帕克（2011年）论述了国家纳米技术计划的实施过程：

> 国家纳米技术计划的确立及发展路径既不是完全自下而上也不是自上而下的。该计划既不是私人部门推动研发项目的结果，也不是政府官员战略决策的产物。20世纪90年代末，美国国家科学基金会及克林顿政府内的一小批科学家和工程师的愿景和努力推动了国家纳米技术计划不断发展……位于华盛顿的联邦政府选择纳米技术作为先导，出台扶持政策，投资千百亿美元推动该项技术的发展。

政府的目标是找到取代因特网的新事物。白宫的官员在遭到私人部门的白眼之后，试图说服政府投资创建新的投资议程、制订预算方案并在不同政府部门之间明确分工。总统科技顾问委员会是这样描述纳米技术的：不要期望私人部门引领纳米技术的开发应用，纳米技术走向市场实现商业化推广应用仍需一二十年（本山、阿佩尔鲍姆和帕克，2011年）。

> 企业通常只投资开发 3~5 年内有成本竞争优势的产品。企业管理者很难说服股东将大笔投资用于长期基础研究以催生基于纳米技术的产品。而且，纳米技术所需的研究具有很强的跨学科属性，这与目前许多企业的组织架构无法相融。

这段引言非常精辟，指出了私人部门过于关注短期收益（主要是因为 20 世纪 80 年代的股东革命对长期业务战略造成了影响），私营企业结构僵化不利于开展纳米技术所需的研究工作。和私人部门相比，政府在理解与纳米技术革命相关的不同学科（涉及物理、化学、材料科学、生物、医学、工程与计算机模拟）时更加灵活、动力更足。正如布洛克和凯勒（2011 年）论述的那样，政府促进尖端新技术的发展常常借助于“隐藏”的产业政策。公共部门中积极推动纳米技术发展的人士一直宣扬自下而上的发展路径，这样纳米技术的发展就不会被视为“挑选赢家”或挑选冠军的典型案例。虽然大多数决策都要和学界、企业界专家商讨，但是主要的推动力和发展方向——从背景报告到预算计划——都来自政府（本山、阿佩尔鲍姆和帕克，2011 年）。投资纳米技术可以“促进未来产业生产率的增长”，“率先开展纳米技术的开发及应用的国家，未来几十年将在经济及军事领域获得巨大优势”（本山、阿佩尔鲍姆和帕克，2011 年），这套说辞成功地说服了时任总统克林顿及其继任者布什。

美国政府终于采取行动，选择纳米技术作为大力发展的行业，推出了国家纳米技术计划，审核与纳米技术相关的规章制度，评估涉及的各种风险。美国政府成为纳米技术最大的投资者，投资力度甚至超过之前对生物技术和生命科学的资助。虽然最有力的支持来自美国国家科学基金会和白宫的主要高级官员自上而下的推动，实际上和因特网及计算机的发展历程一样，纳米技术的推进也是由分属不同领域的众多政府机构实施的（共有 13 家机构，由美国国家科学基金会领导，美国国立卫生研究院、国防部和小型企业创新研究计划也参与其中）。目前美国政府每年给这些机构的拨款约为 18 亿美元，用于推进国家纳米技术计划。

目前，因为缺乏商业化推广应用，纳米技术并未产生重大的经济影响。本山、阿佩尔鲍姆和帕克（2011 年）认为，这是因为研发投资过多，而商业化推广应用的投资却相对缺乏。他们呼吁政府要加大对商业化应用的投资力度。可是，这又带来一个问题：如果政府不仅参与研发、资助重大基础设施，还大力推动商业化应用，那么私人部门到底应发挥何种作用呢？

本章强调政府在引领创新、促进经济增长中的重要作用。政府不仅没有扼杀创新，反而促进了许多重要的现代产业不断创新（在这些产业中，私人部门往往只是跟随者）。颇具讽刺意味的是，美国政府引领创新，而政界却时常认为美国政府采取的模式比欧洲模式的市场导向性更强。事实上，这种观点与创新无关。

第五章

苹果公司成功的背后：政府功不可没

求知若渴，求真若愚。

——史蒂夫·乔布斯（2005 年）

2005 年 6 月 12 日，时任苹果公司及皮克斯动画工作室（Pixar Animation Studios）首席执行官的史蒂夫·乔布斯在斯坦福大学的毕业典礼上发表了著名的演讲，鼓励毕业生勇于创新，“追求所爱”“求真若愚”。这篇演讲在全球广为流传，因为这篇演讲是知识经济文化的典范。推动创新，重要的因素不仅包括大型研发实验室，还包括创新文化以及重要参与者改变游戏规则的能力。乔布斯强调创新中的“若愚”的因素，意在突出苹果公司这样的企业取得成功——处于硅谷革命的核心，不仅得益于其员工的经验和技术特长，还归功于员工的一点疯狂劲——勇于冒险，将设计能力和核心技术摆在同等重要的地位。乔布斯退学、旁听书法课、一直像个大学生一样穿帆布鞋，这些都清楚地表明了他的个人风格——保持一颗年轻的心，“求真若愚”。

乔布斯的演讲振奋人心，他构想并推向市场的产品极具前瞻性，因此他被称为天才。乔布斯的故事造成了一种认识误区——人们没有看清苹果公司的成功之道。毫无疑问，天才领导人、关注设计、痴迷玩乐、“求真若愚”等特点对苹果公司的成功发挥了重要作用。然而，如果没有政府在计算机及因特网革命中的大笔投资，这些特点也许只能催生一个新玩具，而不能创造像 iPad（苹果平板电脑）和 iPhone（苹果手机）这样的具有革命性设计的尖端产品（这些产品改变了人们的工作和交流方式）。本书第二章在论述风险资本时提道，在政府做了大量庞杂的基础工作之后，风险资本才进入像生物技术这类产业。和风险资本的情况相同，史蒂夫·乔布斯的天才智慧和“求真若愚”的精神促成苹果公司大获成功，主要是因为苹果公司能利用政府在“革命性”技术方面的大笔投资产生的技术优势，另外，这些技术——因特网、全球定位系统、触摸屏显示、通信技术，是 iPhone 和 iPad 的核心要素。如果没有得到政府的资助，根本不会产生大智若愚、勇敢创新的行业精英。

本章专门讲述苹果公司的发展历程，并对质疑政府的作用和挑战苹果公司成功做法的一些行为进行批判。本书第八章将提出疑问：美国政府用纳税人的钱冒着巨大的风险投资开发新技术，民众是否从就业和政府税收收入这两个方面获得了实实在在的利益？这些企业挪用利润或逃税了吗？政府投资美国超音速运输机项目失败（“挑选输家”），立刻遭到批评，而对苹果公司等早期投资的成功项目（“挑选赢家”），却没有获得赞誉，这到底是什么原因呢？政府直接投资基础研究和应用研究，成功开发出新技术，进而催生了革命性的商业产品，如 iPod（苹果多媒体播放器）、iPhone 和 iPad，为什么政府却没有得到回报？

苹果公司的创新与政府的作用

苹果公司推出当今世界最受欢迎的电子产品，一直在探索似乎没有边界的数字革命和消费电子产业前沿领域。iPod、iPhone 和 iPad 等产品深受欢迎，大获成功，改变了移动计算及通信技术的竞争格局。不到 10 年，消费电子产品助力苹果公司发展成为全球最有价值的企业。2011 年，苹果公司的利润额为 260 亿美元，达到历史最高值。虽然苹果公司的 iOS（移动操作系统）系列新产品获得巨大成功，但是普通消费者不太了解的是，苹果创新产品中的核心技术实际上都是美国政府几十年如一日地支持创新的结果。虽然苹果产品的精美设计和完美融合归功于乔布斯领导的强大团队，但是 iPod、iPhone 和 iPad 中使用的每一项先进的技术都是美国政府和军方大力推进研究和积极资助研发的结果。政府和军方的这个功绩通常被有意无意地忽略了。

大约 10 年前，苹果公司的个人电脑的创新设计及生产最为出名。苹果公司由史蒂夫·乔布斯、史蒂夫·沃兹尼亚克（Steve Wozniak）和罗纳德·韦恩（Ronald Wayne）于 1976 年 4 月 1 日在加利福尼亚州的库比蒂诺创立。1977 年，乔布斯和沃兹尼亚克对公司进行了重组并开始销售苹果公司的 Apple I（苹果电脑的第一代原型机）。[①]公司最初的名称是苹果电脑公司，成立以来一直专注生产个人电脑。2007 年 1 月 9 日，它宣布删除公司名称中的“电脑”一词，体现了公司业务重点从个人电脑转向消费电子产品。同年，苹果公司推出 iPhone 和 iPod Touch（iPod 的系列产品之一）。iOS 操作系统是 iPhone 和 iPod Touch 的最大亮点，现

---

① 在 1977 年公司重组时，罗纳德·韦恩将自己的股份以 800 美元的价格卖给了乔布斯和沃兹尼亚克。

在这个操作系统已用于苹果公司的其他产品，如 iPad 和 Apple TV（苹果电视）。苹果公司进一步发展了 iPod 所使用的早期的技术能力。iPad 和 iPod 的特点是，新操作系统配置了多点触控屏幕和虚拟键盘，具有革命性的意义。

苹果公司几十年来专注于个人电脑业务，成绩斐然。iOS 操作系统系列新产品获得成功，广受欢迎，业绩远远超过之前每一款个人电脑取得的成绩。[①] 自 2007 年推出 iPhone 和 iPod Touch 之后的 5 年中，苹果公司的全球净销售额增加了近 460%。表 3 显示，2011—2014 年，新的 iOS 操作系统产品线的销售额约占苹果公司净销售总额的 72%。

表 3　1999—2011 年苹果公司净销售额、收入及研发投入（亿美元）

年份	全球	美洲	iPod	iPhone	iPad	净收入	研发投入	销售额 / 研发投入（%）
2011	1 082.49	83.15	74.53	470.57	203.58	259.22	24.29	2.24
2010	652.25	244.98	82.74	251.79	49.58	140.13	17.82	2.73
2009	365.37	161.42	80.91	67.54	–	57.04	13.33	3.65
2008	324.79	145.73	91.53	18.44	–	48.34	11.09	3.41
2007	240.06	115.96	83.05	1.23	–	34.95	7.82	3.26
2006	193.15	93.07	76.76	–	–	19.89	7.12	3.69
2005	139.31	65.90	45.40	–	–	13.35	5.34	3.83
2004	82.79	40.19	13.06	–	–	2.76	4.89	5.91
2003	62.07	31.81	3.45	–	–	0.69	4.71	7.59

① 1980 年苹果公司上市，首次公开募股筹得的资本比以往任何一家公司首次公开募股筹得的资本都多。这次募股顷刻间造就的百万富翁人数（约为 300）超过历史上任何其他公司［马龙（Malone），1999 年］。

（续表）

年份	全球	美洲	iPod	iPhone	iPad	净收入	研发投入	销售额/研发投入（%）
2002	57.42	30.88	1.43	–	–	0.65	4.30	7.49
2001	53.63	29.96	–	–	–	（0.25）	4.30	8.02
2000	79.83	42.98	–	–	–	7.86	3.80	4.76
1999	61.34	35.27	–	–	–	6.01	3.14	5.12

注：苹果公司的年净销售额、收入及研发投入均来自该公司提交给证券交易委员会的上市公司年报。

苹果公司的新产品获得成功，很快便在公司收入上体现出来。美国财政部的数据显示，2011 年苹果公司收入高达 764 亿美元，超过了美国政府的经营性现金余额（英国广播公司新闻，2011 年）。2014 年，苹果公司提交给美国证券交易委员会的年度报表显示，它的总收入高达 1 828 亿美元。自从苹果公司在纳斯达克上市以后，公司收入骤增并且很快推高了股票市值，股票也更抢手。图 10 显示，2001 年 10 月 23 日，苹果公司首次发布 iPod，从此以后，苹果公司的股价从每股 8 美元一路飙升到每股 700 美元。2007 年苹果公司推出 iOS 操作系统，使其最终成为美国最有价值的企业。①

图 11 及苹果公司财务报告均显示，在推出 iOS 操作系统系列产品之后，苹果公司的产品销量迅猛增长，为公司走出 20 世纪 80 年代末举

① 2012 年 4 月 10 日，苹果公司股票交易达到峰值，股价攀升将公司整体市值推高到 6 000 亿美元。美国历史上只有少数几家公司如通用电气（2000 年市值达 6 000 亿美元）和微软公司（1999 年 12 月 30 日市值达 6 190 亿美元）的市值曾经达到这种令人难以置信的高度［斯文松（Svensson），2012 年］。2014 年 11 月 25 日，苹果公司的市值（名义价值）已超过 7 000 亿美元，这个数目是美国历史上其他公司无法企及的（从实际价值来看，微软公司的市值仍然最高）。

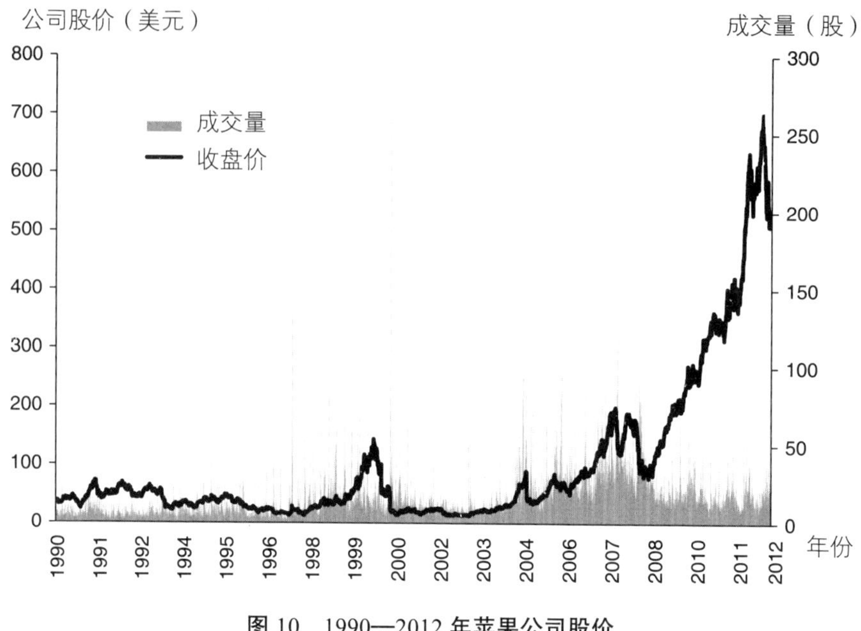

图 10　1990—2012 年苹果公司股价

资料来源：雅虎财经。

步维艰的困境奠定了基础。有趣的是，苹果公司推出一个又一个新产品，获得了一次又一次的成功。苹果公司财务报告显示，研发投入占全球销售额的比重持续下降，意味着公司用于研发的资金投入与全球产品销售额相比一直在下跌（见表 3）。这说明，相对于研发支出的年增长额，产品销售额呈前所未有的指数级增长，也可解读为研发投入逐步增长的必然结果。可是，考虑到电子消费产品市场充满竞争，这些本不起眼的研发支出便引人注目。施密特长期研究苹果公司，他从另一个角度分析了这种现象，比较了苹果公司的研发支出和其他竞争对手的研发投入。施密特（2012 年）整理了相关数据并绘制成图 12，就销售额中用于支持研发的比例而言，苹果公司在 13 个强劲竞争对手中位列倒数第三。

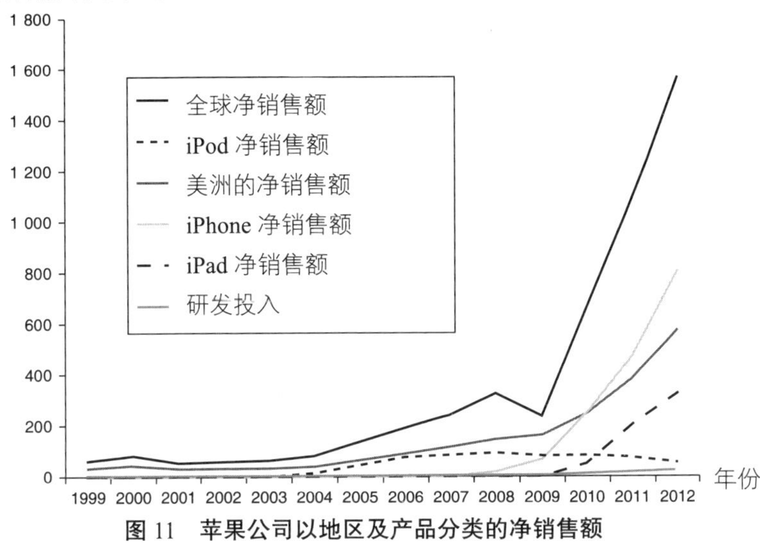

图 11　苹果公司以地区及产品分类的净销售额

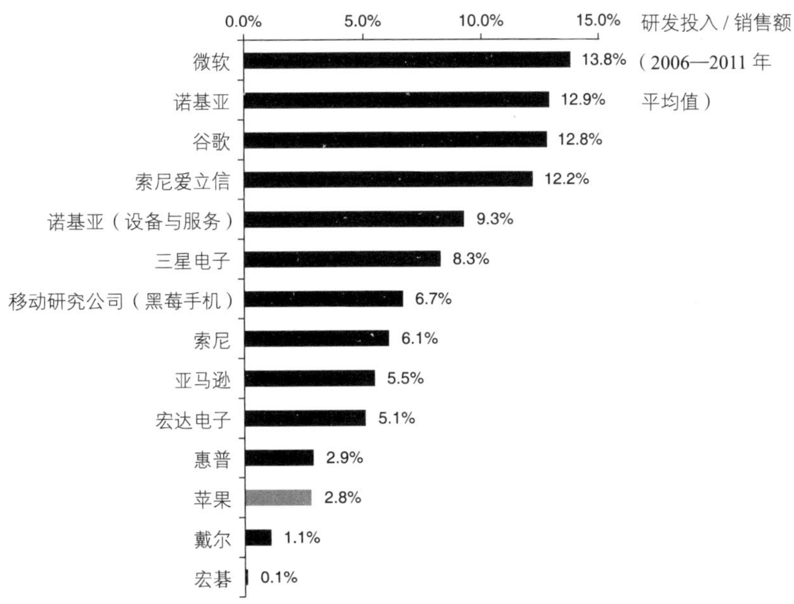

图 12　研发促进生产还是免费的午餐？

数据来源：德迪乌（Dediu）和施密特的论文（2012 年）《你无法购买创新》（*You Cannot Buy Innovation*）。

和竞争对手相比，苹果公司的研发投入低（占销售额的百分比低），产品销售额却超过其他竞争对手，因此施密特要探究个中缘由。许多研究苹果公司的专家将苹果公司边际研发生产率理解为该公司成功实施研发项目的关键，但是这种方式只能运用在小的创新型技术企业中。毫无疑问，苹果公司的精巧工程设计、史蒂夫·乔布斯追求简洁的风格提高了效率。然而，在解释研发投入占销售额的比例时，专家们忽略了最关键的事实：苹果公司并非致力于开发新技术和新部件，而是致力于整合新技术和新部件形成创新产品；像许多智能手机制造商一样，苹果公司室内创新产品的设计大多数基于其他领域发明的技术，而这些技术的发展往往是政府税收支持的结果。[①] 这些技术保证了苹果公司日后的辉煌，接下来我们将回顾这些技术发展的历史背景。

在技术进步的浪潮中击楫而行

起初，苹果公司销售计算机套件产品，名不见经传，如今它已成为全球信息与通信行业的领导者。苹果公司掌握了相关的设计技术与工程技术，而这些技术首先是由政府和军方资助并开发出来的。苹果公司展现出的强大能力主要与三个方面密切相关：能识别潜力巨大的新兴技术；应用复杂的工程技术，这些技术成功地整合了公认的新兴技术；企业愿景明确，以设计导向的产品开发为中心，提升最终用户的满意度。

---

① 苹果公司的这种架构创新不是没有风险的。按照一种权威的创新分类方法［阿伯内西（Abernathy）和克拉克（Clark），1985 年］，这种架构创新属于最激进的创新，因为这类创新可能会颠覆现有的市场和技术。本章主题不是称赞苹果公司创新能力有多么强大——尽管其创新能力受到苹果电脑的铁杆粉丝、媒体、好莱坞明星和当政者的广泛赞誉，而是阐明人们忽略的事实：政府积极投资，引领研发及技术发明，促成了苹果公司的架构创新。

正是这些能力促成了苹果公司成为全球计算机与电子产业的引领者。在推出备受青睐的 iOS 操作系统系列产品之前，苹果公司在三大领域获得大量直接或间接的政府支持：

- 对初创企业进行直接股权投资。
- 利用政府重大研究项目、军方项目、政府采购合同、公共研究机构研发的技术（这些技术都是由州政府或联邦政府资助的）。
- 当国家或全球面临的挑战阻碍了美国公司领先发展，或造成美国公司在赢得全球市场的竞争中落后时，美国政府制定税收政策、贸易或科技政策支持苹果公司这样的企业创新发展。

下文将详细论述这些观点，并追溯助力苹果公司成功的关键技术。

从 Apple I 到 iPad：政府强大的有形之手

从一开始，乔布斯和沃兹尼亚克便积极寻求各类公共及私人资金资助，以成立和发展苹果公司。他们都坚信心中的愿景：政府先前的努力推动了技术发展，这些技术能产生巨大的价值。风险资本先驱及硅谷传奇人物红杉资本（Sequoia）创始人唐·瓦伦丁（Don Valentine）、阿瑟·罗克（Arthur Rock）投资公司创始人阿瑟·罗克、洛克菲勒家族风投公司的文罗克（Venrock）、仙童半导体公司及英特尔公司元老迈克·马克库拉（Mike Markkula）都是第一批天使与股权投资人，他们积极投资，将乔布斯和沃兹尼亚克的前瞻性构想变成现实［拉奥和斯卡鲁菲（Scaruffi），2011 年］。另外，苹果公司还从政府那里获得现金支持，从而实践计算机产业的前瞻性商业理念。在 1980 年首次公开募股前，苹果公司又从伊利诺伊大陆风投公司（CIVC）获得50万美元的早期股权投资，这家公司是由美国小型企业管理局授权设立的小型企业投资公司，专注于小型企业投资［斯莱特（Slater），1983年；奥德斯，1995年］。

政府机构和军方共同建立了多种公私合作关系，取得了技术突破，促使了个人计算机的诞生。这一点在第四章中已做简要论述［马库森（Markusen）等，1991年；拉佐尼克，2008年；布洛克，2008年；突破研究所（Breakthrough Institute），2010年］。1976年，苹果公司开始销售Apple I，该产品的核心技术基于20世纪60~70年代政府对计算机产业的投资成果。20世纪60~70年代，硅的广泛应用给半导体产业带来革命性影响，开启了一个新时代，使得个人计算机进入大众消费市场成为可能。这些突破得益于实验室之间的多种公私合作，其合作成员包括美国国防高级研究计划局、美国电话电报公司（AT&T）、贝尔实验室、施乐帕克研究中心、肖克利公司和仙童半导体公司等。硅谷迅速成为美国的"计算机创新中心"——政府主导资助经费和研究（基础研究和应用研究），营造创新氛围；具有创新精神的企业家和私人企业抓住时机，积极参与到创新热潮中去。许多长期关注这个现象的人士称之为"加州因特网淘金热"或"硅谷淘金热"［肯尼（Kenney），2003年；索思威克（Southwick），1999年］。

融合在iPhone、iPad、iPod等产品中的12种主要技术成就了苹果公司推出的系列产品，使它们在市场上与众不同。这些技术包括：半导体设备微处理器或中央处理器（CPU），动态随机存取存储器（DRAM），微硬盘存储器或硬盘驱动器（HDD），液晶显示器（LCDs），聚合物锂离子电池（Li-pol）和液态锂离子电池（Li-ion），基于先进的快速傅里叶变换（FFT）算法的数字信号处理器（DSP），因特网，超文本传输协议（HTTP）和超文本标记语言（HTML），蜂窝通信技术与网络。这些都可以被看作 iPhone、iPad、iPod 产品的核心催生技术。此外，全球定位系统、点击式触摸转盘导航和多点触摸屏、苹果智能语音助手大大提升了消费者预期和用户体验，因此这些产品更成功，更受欢迎。下文将详细探讨苹果公司巧妙融合的核心技术和特点，这些技术首先应用于 iPod，然后被应用到 iPhone 和 iPad 中。

政府资助的研究使苹果公司能发明 iPod

2001 年，苹果公司推出 iPod 之后不久，又掀起了一波创新产品浪潮（如 iPhone、iPad），最终给整个移动娱乐产业带来了革命性影响。iPod 是一款新的便携式手持设备，用户无须使用任何磁带或激光唱片便可以存储成千上万首歌曲。21 世纪初，苹果公司的这个新产品很快赢得了消费者的青睐，取代了市场上的其他便携式产品，如索尼公司的个人随身音乐播放器 Walkman 和光碟随身听 Discman。苹果公司巧妙地运用现有磁存储技术与索尼这样的标志性对手一决高下，最终登上了音乐及娱乐市场之巅［阿德纳（Adner），2012 年］。iPod 在市场竞争中取得成功有两大重要意义：第一，多年以来，苹果公司一直半死不活，iPod 的成功为苹果公司强势回归揭开了帷幕；第二，iPod 深受欢迎，将带动 iOS 操作系统系列产品的热销。虽然这个事实广为人知也备受关注，但人们却忽视了另一个事实：苹果公司的成功得益于政府支持并资助的研究。接下来我将探讨这个被忽略的真相。

巨磁阻效应、自旋电子学项目和硬盘驱动器

在 2007 年的诺贝尔奖颁奖典礼上，公众认识到政府支持的科技研究为苹果公司的新产品奠定了技术基础。法国科学家艾伯特 · 费特

（Albert Fert）和德国科学家彼得·格林贝格尔（Peter Grünberg）分别因发现巨磁阻效应（GMR）而共同获得 2007 年诺贝尔物理学奖。巨磁阻是一种量子力学效应，它产生于层状的磁性薄膜结构，主要应用于硬盘驱动器及其他设备的磁场感应器中。瑞典皇家科学院成员博瑞·约翰森（Börje Johannson）于 2007 年在颁奖词中解释巨磁阻效应的社会意义时，将 iPod 的出现归功于这个重大的科学突破。

微硬盘的发明和商业化应用特别有趣，因为这个技术的整个发展过程说明了无论是推动创新科学基础，还是促进抽象理念最终转化为可商业化应用的产品，政府都发挥了重要作用［麦克雷（McCray），2009 年］。最初费特博士和格林贝格尔博士分别从事自己的科研工作，后来法国和德国政府资助并扶持的研究项目促成了这项技术的历史性突破，使得他们二人同时问鼎诺贝尔奖。在费特博士和格林贝格尔博士取得技术突破之后，其他研究者成功地扩展了 20 世纪 80~90 年代传统硬盘驱动器的数据存储容量，为未来的研究和技术进步开拓了新天地［奥弗比（Overbye），2007 年］。虽然欧洲在巨磁阻效应方面取得了重大的技术突破，但是在这项技术的基础研究和商业化应用方面，美国政府发挥了重要作用。格林贝格尔博士所在的实验室隶属于阿贡国家实验室（Argonne National Laboratory，美国能源部最大的研发实验室，位于伊利诺伊州）。在发现巨磁阻效应之前，他获得了美国能源部的重要支持。基于这些硬盘技术的发展，IBM 和希捷（Seagate）等公司迅速地将新知识成功地转化为商业产品（麦克雷，2009 年）。尽管当时硬盘驱动产业得到发展，但仍会面临 20 世纪 80 年代半导体等类似产业的竞争和挑战。在下文论述半导体设备时，我将继续探讨这个问题。

2009 年，麦克雷在一项研究中详细论述了美国国防高级研究计划局与战争相关的任务——创造并维持一个创新生态系统，催生卓越的军工技术。在和平时期，这种战备任务被新任务替代，即将之前的投入转化为提升经济竞争力的技术。麦克雷（2009 年）详细梳理了冷战结束后美国国防部启动技术再投资计划（TRP）并拨款 8 000 亿美元用于升级现有技术的发展历程。通过技术再投资计划，国防高级研究计划局针对性地发展了军民两用技术，既可造福军队也可以催生自旋电子（SPINTRONICS）这样的可商业化应用的项目。[①] 麦克雷（2009 年）还注意到，20 世纪 90 年代国防高级研究计划局支持自旋电子发展的科研力度更大，研究论著更多。麦克雷（2009 年）说，国防高级研究计划局对自旋电子技术的推动作用非常关键，因为在启动该项目时，来自日本计算机电子学的竞争迫使 IBM 和贝尔实验室削减了基础研究的投入。

固态化学和以硅谷为中心的半导体设备

自从苹果公司推出第一台 iPod 之后，该公司对其进行多次改进，激发了 iPhone 和 iPad 的设计灵感。iPhone、iPod 和 iPad 等产品离不开微芯片的支持，这些芯片使得手持智能设备能够即刻处理大量信息并传给存储器。如今，中央处理器借助于集成电路运转，和 20 世纪 50 年代杰克·基尔比（Jack Kilby）和罗伯特·诺伊斯（Robert Noyce）成功研制出的第一块集成电路相比，其集成电路体积更小、存储能力更强。硅基集成电路的诞生，引发了电子产业中众多领域的技术进步。个人计算机、蜂窝通信技术、因特网以及如今市场上能找到的大多数电子产品都使用了这些智能又小巧的设备。集成电路走出贝尔实验室、仙童半导体公司和英特尔公司，装备到 iPhone、iPad 等设备中，这个发展历程得益

① 自旋电子为公私合作联盟项目，最初被称为“电磁材料与设备”项目。该项目由国防高级研究计划局和行业精英共同打造，由国防高级研究计划局于 1995 年启动并资助。在该项目运行期间，政府总投资达 1 亿美元。

于美国空军和美国国家航空航天局的采购。按照集成电路设计制造的第一批处理器只有军方购买使用，军方合同实际上资助并发展壮大了处于起步阶段的微处理器产业，促进了配套电子仪器设备产业的发展。而在常规商业市场，这些仪器设备价格高昂，普通消费者无力购买。美国空军民兵 II 导弹工程需要大量的微处理器。美国国家航空航天局的阿波罗计划要求微处理器的存储能力更强，要求其生产工艺更先进，有力地推动了技术创新。结果，短短几年，政府部门的海量订单便大大降低了集成电路的成本。①

美国是半导体产业创新发展的发源地。20 世纪 80 年代，日本一直致力于加快发展先进制造业，加快开发竞争力强的存储产品。② 由于半导体是防卫技术中的关键部件，美国国防部认为半导体产业对增强军事实力和提升国家安全至关重要。美国国防部越来越担心，提升这些防卫技术的关键制造设备现在要从日本这些国家进口。这种担忧促使美国国防部立刻行动。结果，美国国防部推出了战略计算计划（SCI），拨款 10 多亿美元支持 1983—1993 年的先进计算机技术研发（罗兰和希曼，2002 年）。此外，微处理器这样的尖端技术设备投资巨大，需要政府和企业联合推动。美国政府意识到半导体制造将会带来特殊机遇，同时担心日本这样的半导体制造业后起之秀的竞争力越来越强——美国一旦落后，那么后果非常严重。于是，美国政府召集国内半导体制造商和高校组建了一个新的合作组织——半导体制造技术战略联盟（SEMATECH）。

---

① 短短几年，用于阿波罗计划的微芯片的价格从每块 1 000 美元降到每块二三十美元（突破研究所，2010 年）。

② 罗兰（Roland）和希曼（Shiman）于 2002 年梳理了日本芯片产业的大发展：20 世纪 70 年代，日本在全球芯片市场上的份额为 0，而美国的市场份额为 100%；到了 1986 年，日本的全球芯片市场份额飙升到 80%。

这个举措旨在改进美国的半导体生产技术，使其产能远远超过其他竞争对手。美国为增强其经济及技术的全球竞争力推出了多项措施，半导体制造技术战略联盟只是其中之一。依托半导体制造技术战略联盟将半导体企业组织起来并互相协作，对政府来说绝非易事。为了增加这个联盟的吸引力，政府每年给予其10亿美元的研发补贴。联盟成员逐渐认识到自己能从政府扶持的研发合作中获益。联盟成员之间能够实现知识共享，从而避免了重复研究和减少了研发支出。如今，微芯片和存储卡性能优越、价格亲民，主要得益于多年来政府的积极干预和大力引导［欧文（Irwin）和克莱诺（Klenow），1996年］。

从电容感应到点击式触摸转盘

作为个人计算机的先驱，史蒂夫·乔布斯开始履行第二项使命：掀起个人计算机的另一场革命。他对苹果公司的愿景是：迎接后计算机时代的到来。在各种访谈及媒体会上，乔布斯都展望了这个人机交互的新时代。在2010年D8（全数字会议）峰会期间，乔布斯在接受专访时解释了自己对计算机未来的展望，他说：计算机的发展就像过去城市化进程一样，将改变消费观念和提升交通需求（乔布斯，2010年）。在访谈中，乔布斯重新定义了苹果公司的整体战略，即围绕不同用途产生的分散或计算需求，打造系列产品。乔布斯非常信赖数据处理技术，这种技术助力苹果公司推出了多种小型便携式产品。正是这种数据处理技术催生了iOS操作系统系列产品，最终取代了台式电脑。此前，苹果公司已把iOS操作系统的衍生产品——Mac（苹果公司自1984年开始开发的个人消费型计算机）打造为“数字中心”，该产品将整个苹果家族的产品整合起来［沃克（Walker），2003年］。

尽管20世纪80~90年代乔布斯激烈反对平板电脑，但他在1996年回归苹果公司时，决定重新聚焦平板电脑业务。这种观念转变的背后原因是：半导体设备、电池及显示器技术飞速发展。但是，有个问题仍未解决，即没有尖端技术可以成功取代触控笔，这种尴尬局面一直困扰着乔布斯［艾萨克森（Isaacson），2011 年］。后来触摸屏显示器所需的惯性滚动、手指跟踪、手势识别系统等更精密的技术应用相继诞生，因此，乔布斯和他的团队便可以进一步开发平板电脑业务。乔布斯和他的团队召集了许多专家整合这些新技术。结果，他们淘汰了原先产品使用的按钮和滚珠，开发了新的导航系统，改进了触摸屏输入技术。①

iPod 的点击式触摸屏让用户能快速浏览音乐库。点击式触摸屏基于苹果公司早期尝试的手指滚动触摸技术，它的微型硬盘驱动可以存储大量的数字资料。除此之外，手指滚动点击式触摸屏也是 iPod 区别于大多数便携式音乐播放器的不同之处。虽然手指滚动操作原理在当时有点新奇，但是这个原理背后的技术其实已经存在了几十年。点击式触摸屏大大得益于电容感应技术，该技术在其他各类产品中被广泛应用。其实，受益于电容感应技术的苹果公司产品不仅有点击式触摸屏，苹果触摸屏多媒体播放器、苹果手机、苹果多点触控屏幕平板电脑等同样应用了手指滚动操作原理。

通常认为，E.A. 约翰逊（E. A. Johnson）发明了电容式触摸屏。20 世纪 60 年代，约翰逊发表了自己的前期研究成果，当时他供职于皇家雷达研究所（RRE）——英国政府为推动防卫领域的科技而设立的机构［巴克斯顿（Buxton），2012 年］。1973 年，欧洲核子研究组

① 2012 年 4 月 30 日，托尼·法德尔（Tony Fadell）在接受电视采访时透露，苹果公司在为新产品寻找替代按钮的新方案时，面临巨大挑战。托尼·法德尔当初是 iPod 的设计团队成员。参见网站：http://www.theverge. com/2012/4/30/2988484/on-the-verge-005-tony-fadell-interview（2013 年 4 月 12 日）。

织（CERN）的两位科学家本特·斯顿普（Bent Stumpe）和弗兰克·贝克（Frank Beck）推动了触摸屏的重大进展（欧洲核子研究组织，2010年）。塞缪尔·赫斯特（Samuel Hurst）发明了电阻式触摸屏，实现了又一个重大突破。赫斯特的这项发明是在他离开橡树岭国家实验室（Oak Ridge National Laboratory，成立于1943年，位于田纳西州。曼哈顿计划和第一个运行的核反应堆也诞生于此）到肯塔基大学（University of Kentucky）任教两年之后［布朗（Brown）等］。在肯塔基大学任教期间，赫斯特和他的同事研制出第一台电阻式触摸屏。在他回到橡树岭国家实验室之后，他的肯塔基大学的同事于1971年创办了一家公司，将这项新技术进行了商业化推广，1983年推出了第一台功能齐全的触摸屏（布朗等）。对于20世纪70~80年代触摸屏的早期研制工作，约翰逊、斯顿普、赫斯特等人在政府和私人研究实验室做了大量科研工作，为今天重要的多点触控应用奠定了基础（巴克斯顿，2012年）。在其他各种技术因素中，从功能有限的触摸屏到多点触控屏幕的应用，都是苹果公司在智能手机竞争中的重大节点。苹果公司有效地利用了其他技术的先进成果，不仅从内部重新界定了其参与竞争的市场，而且定义了一个不同的发展路径。

iPod兄弟产品的诞生：iPhone和iPad

苹果公司的新理念涉及激进再定义传统消费品，该理念大获成功。iPod为苹果公司带来了220多亿美元的收入。在2007年iPhone上市前，iPod一直是苹果公司在全球市场上最重要的产品。审美设计、系统工程和客户体验的完美结合，加上市场强劲的推广力度，苹果公司迅速向消费电子市场渗透并扩大了市场份额。苹果公司认为，融合政府几十年大力支持的现有技术可以激发消费者的新需求和新偏好。基于这个理念，苹果公司打造了新一代 iPod、iPhone 和 iPad。作为智能手机革命的先驱，苹果公司率先成功地将蜂窝通信技术、移动计算技术和数字娱乐技术整合到一个设备中。标志性产品 iPhone 大大改变了消费者过去对手机的认识，使人们对手机功能产生了新的期望。苹果公司推出 iPad，颠覆了便携式电脑产业（之前几十年一直由手提电脑、上网本以及其他设备主导这个产业）。iPad 更轻薄小巧，配有大触屏、虚拟键盘，它的因特网浏览功能和多媒体功能强大。iPad 创造并抓住了一个新的利基市场。不到十年，苹果公司便主导了消费电子产业。这个成功案例说明了苹果公司精于以消费者为导向的产品设计和市场推广，以及在实现复杂的系统整合时展露出的超强的组织能力（拉佐尼克，2011 年）。

从点击式触摸屏到多点触控屏幕

能够识别多点触控手势的触摸屏显示器既是融入苹果公司系列产品的最重要的技术，也是成功推出如 iPad 等口袋大小的便携式设备的重要前提。手指在液晶显示屏上自由滑动，实现人机互动，这个技术在苹果公司的手持设备中得以实现。和点击式触摸屏一样，这种开创性的用户和电子设备的交互方式得益于政府一直大力支持的基础研究和应用研究。20 世纪 90 年代，包括苹果公司在内的众多计算机开发商都将触摸屏技术融入自身开发的许多产品中，但是当时的大多数触摸屏技术只能处理单点触控操作。[①] 多点触控滑动和手势技术是由特拉华大学的韦恩 · 韦斯特曼（Wayne Westerman）和约翰 · 伊莱亚斯（John Elias）开

① 巴克斯顿详细记录了装有触控屏的电子设备。苹果公司涉及触控屏技术的商品名录可以在网上查到，参见 http://research.microsoft.com/en-us/um/people/bibuxton/buxtoncollection/（2013 年 4 月 12 日）。

发的（韦斯特曼，1999 年）。

起初，韦恩·韦斯特曼是在读博士，师从约翰·伊莱亚斯教授，在（公立）特拉华大学研究神经形态系统。该研究是美国国家科学基金会和中央情报局/中央情报总监（DIA/DCI）博士后研究项目的一个组成部分。韦斯特曼在取得博士学位之后，和导师伊莱亚斯创办了 FingerWorks，商业化应用多点触控技术。他们推出了 iGesture Numpad（一款触摸屏平板电脑），用户无须键盘或鼠标便能在电脑屏幕上轻松地输入信息。这种新的手指跟踪与手势识别系统的科学基础与取得专利的前提条件是电容感应和触摸屏技术。FingerWorks 公司成功地将先前的触摸屏研究成果转化为商业产品，这个商机很快被苹果公司发现。苹果公司希望开发出一种能够在液晶显示屏上多点触控、自由移动的技术，并想把这种技术应用到 iOS 操作系统系列产品中。2005 年，苹果公司收购了 FingerWorks 公司。两年后，苹果公司发售第一代 iPhone。如今，多点触控技术已广为人知，苹果公司的 iOS 操作系统系列产品均装有多点触控显示屏。在政府机构的资助下，韦斯特曼和伊莱亚斯研发出这种新技术，在数百亿美元的移动电子设备行业掀起了一场革命。苹果公司的知识产权组合非常全面，也是从政府最初扶持的技术中直接受益的。

因特网、超文本传输协议和超文本标记语言

尽管苹果手机拥有尖端技术、先进的硬件配置，看起来很酷，然而真正让手机实现智能的是能时刻将用户和虚拟世界联系起来的技术。苹果手机安装的人工智能应用名为智能语音助手，似乎要在智力上超过用户。苹果公司用触摸屏替代了手持设备产业标准的按键，智能语音助手则改变了输入模式和导航界面。苹果智能手机智能化水平越来越高，我们应该认识到并重视其背后的智能及技术力量（正是这些技术力量造

就了智能手机）。如果硬件、软件、存储及处理器是计算机的身体、灵魂和大脑，那么因特网、超文本传输协议和超文本标记语言对计算机或智能设备有何意义呢？如果没有因特网或蜂窝通信技术，计算机或智能设备还会有什么价值？回答这些问题有助于我们理解智能设备联网的价值，更有助于我们理解政府长期支持的价值。在开发和发展蜂窝通信技术、因特网、卫星的过程中，政府积极扶持，发挥了重要作用。

冷战时期，美国政府担心可能会遭到核攻击，害怕在遭受攻击之后通信网络受损。保罗·巴兰（Paul Baran）身为兰德公司（RAND，前身是美国空军的研发项目）的科学家，提出了一个解决方案，即组建一个分布式通信网络，而不是一个集中交换的网络。在分散的通信系统建成之后，一旦遭受核打击，该网络的指挥系统仍能正常运行（兰德公司，2011 年）。[①] 设计这种网络的技术难题被攻克了，这要归功于美国国防高级研究计划局组织多个团队对各网络站及信息传输进行的技术攻关。尽管国防高级研究计划局曾接洽美国电话电报公司和 IBM，希望和它们共同打造这个网络，但是两家公司均拒绝了这个提议，它们认为这个网络威胁到自身业务。在国有英国邮政总局（State-owned British Post Office）的帮助下，美国国防高级研究计划局成功地将西海岸到东海岸的各个站点连成网络（阿巴特，1999 年）。从 20 世纪 70 年代到 90 年代，美国国防研究计划局资助并打造了这种网络所需的通信协议（TCP/IP）、操作系统（UNIX）和通信系统。与此同时，美国国家科学基金会开发了第一批高速数字网络（肯尼，2003 年）。

20 世纪 80 年代末，英国科学家蒂姆·伯纳斯-李（Tim Berners-

① 这种分布式通信网络的其他作用有：节约计算成本，因为遍布全美的政府承包商都能共享计算机资源；推进尖端数据通信技术，实现机器之间的远程信息传递；促进不同政府机构约聘研究人员通力合作。

Lee）忙于开发超文本标记语言、统一资源定位符（URL）和超文本传输协议［赖特（Wright），1997 年］。他得到了另一位科学家罗伯特·卡里奥（Robert Cailliau）的帮助，成功地将超文本传输协议应用到欧洲核子研究组织的计算机上。1989 年伯纳斯-李和卡里奥撰写了报告，该报告提出万维网将最终成为计算机的国际标准，能够连接全球所有的计算机。在因特网从设想到全球应用的整个过程中，政府资助至关重要。如今在许多领域，因特网属于基础技术，它改变了世界历史的进程，实现了全球电脑用户和 iPhone、iPod、iPad 等智能设备使用者之间的知识分享与商业交往。

全球定位系统和智能语音助手

iPhone、iPod、iPad 的另一个共同特点是整合了全球定位系统。全球定位系统的开发源于美国国防部力图实现全球地理定位信息数字化、加强部署的军事设施之间的协调、提升打击精确度的目标（突破研究所，2010 年）。在 20 世纪 70 年代启动全球定位系统技术时，它的用途受到严格限制，只能用于军事领域。而到了 20 世纪 90 年代中期，全球定位系统取消技术限制，走向大众。即使现在，美国空军仍是发展、维护全球定位系统的中坚力量，平均每年花费 7.05 亿美元。① 基于导航卫星定时和测距（NAVSTAR）全球定位系统，苹果手机用户能搜索附近的饭店或地址。这个系统由 24 颗卫星组成，为用户提供全球导航及实时数据。全球定位系统极其复杂，如果没有政府主导并给予必要的财政支持，那么这项技术及其相关设施根本不可能实现。

---

① 美国国防部估计，按 2000 年美元值计算，1973—2000 年全球定位系统的开发、安装，耗费了美国空军 56 亿美元（美国国防部，2011 年）。

苹果公司推出的最新款 iPhone 的一大特点是，装有虚拟私人助手——智能语音助手。和苹果公司的大多数 iOS 操作系统产品一样，智能语音助手技术源于美国政府的资助与科研支持。它是一个人工智能程序，由机器学习、自然语言处理、网络搜索算法组成［劳什（Roush），2010 年］。2000 年，美国国防高级研究计划局邀请斯坦福研究院（SRI）共同开发“虚拟办公室助理”，以协助军方人员。斯坦福研究院负责协调“帮助学习和组织的认知助手”（CALO）项目，该项目所需技术由全美 20 所大学合作研发。2007 年 iPhone 上市，斯坦福研究院意识到“帮助学习和组织的认知助手”智能手机的应用时机已经到来，接着商业化推广了这个技术，并于同年成立了一家风投公司——“智能语音助手”。2010 年，苹果公司收购了“智能语音助手”公司，不过双方都未透露收购价格。

产业标准从键盘输入到触摸屏输入实现了飞跃，iPhone 增加了全球定位系统导航功能，这些都是了不起的成就。多点触控屏幕和手势识别技术则给手机、播放器、台式电脑开发商带来了革命性的影响。在拥有了智能语音助手之后，苹果公司又产生了激进想法，研发出已融入 iOS 操作系统及各种应用的设备输入机制。智能语音助手掀起了新的一股定义人机交互标准的潮流，产生了用户和机器之间互动的新方式。2010 年，在加利福尼亚举行的 D8 会议期间，乔布斯接受了沃尔特·莫斯伯格（Walt Mossberg）和卡拉·斯威舍（Kara Swisher）的专访（2010 年）。乔布斯分享了刚刚收购“智能语音助手”公司的喜悦，畅谈了这个技术蕴含的巨大潜力。苹果公司再次引领信息与通信产业的发展，而这个产业快速发展得益于政府激进复杂的想法以及长期耐心的技术扶持。

电池、显示器及其他技术

液晶显示器的发展之路和冷战时期出现的硬盘驱动器、微处理器及储存卡（还有其他重大技术）有着许多相似之处：源于美国军方要加强自身科技实力和保障国家安全。日本的平板显示器（FPD）产业竞争力越来越强，引起美国国防部的担忧，因为美国军方对这种显示器技术的需求不能完全依赖日本供应商。美国国防部决心改变这种尴尬的局面，着手实施一系列旨在增强显示器产业竞争力的项目，并且成立产业联盟、分配新资源，提升生产能力和改进商业产品。

20 世纪 70 年代，液晶显示器技术取得重大突破，当时彼得·布罗迪（Peter Brody）正在西屋电气公司（Westinghouse）带领团队研发薄膜晶体管（TFT）。西屋电气公司所做的研究绝大多数由美国军方资助［哈特（Hart）和博勒斯（Borrus），1992 年］。当西屋电气公司管理层决定关停薄膜晶体管研究项目时，布罗迪极力争取其他可能的资助，希望独立实现该技术的商业化应用。为了获得合同以加速研发薄膜晶体管显示器，布罗迪接触了许多实力雄厚的计算机与电子企业，包括苹果公司、施乐帕克、3M（明尼苏达矿务及制造业公司）、IBM、美国数字设备公司以及康柏电脑公司。这些私营大企业都拒绝和布罗迪签订协议，主要是因为它们不相信布罗迪具备制造出像日本那样性价比高的产品的能力［佛罗里达（Florida）和布罗迪，1991 年］。1988 年，布罗迪得到美国国防高级研究计划局价值 780 万美元的合同，创立了麦格纳显示屏公司（Magnascreen），开发出薄膜晶体管液晶显示器（TFT-LCD）。这种液晶显示器成了在微型计算机、电话等便携式电子设备上使用的新一代显示器的基础。

佛罗里达和布罗迪认为，在众多高科技领域，私人企业无法实现或维持制造能力，这反映了美国创新体系存在一个更大更普遍的问题：

与薄膜晶体管液晶显示器技术失之交臂，暴露出美国高科技领域的根本缺陷。不仅是大型企业缺乏远见与毅力将这项发明转化为推向市场的产品，那些在半导体和个人计算机等高科技产业的发展过程中发挥重要作用的风险资本家也未能做到。无论是大型企业还是小公司都无法将突破性创新成果转化为商业生产所需的制造能力（1991年）。

为了将薄膜晶体管液晶显示器制造业留在美国，几大显示器生产商成立了美国先进显示器制造商研究联盟（ADMARC），首批资助来自美国国家标准与技术研究院（NIST）（佛罗里达和布罗迪，1991年）。这个产业还获得美国政府其他方面的政策扶持，如反倾销税（尽管同时鼓吹自由竞争）、各种军事或民间机构提供的资金和合同，合力提升了20世纪90年代薄膜晶体管液晶显示器的制造能力［美国技术评估办公室（OTA），1995年］。

有些技术虽然是美国人发明的，却是日本人加以完善并实现量产的，如锂离子电池。20世纪80年代末，约翰·B. 古迪纳夫（John B. Goodenough）对锂电池技术开展了开拓性研究，该研究的主要资金来源为美国能源部和美国国家科学基金会［亨德森，2004年；科学与技术情报局（OSTI），2009年］。1991年，日本电子巨头索尼公司将源自德克萨斯大学奥斯汀分校的重大科技发现实现了商业化并推广应用。2005年，拉尔夫·J. 布罗德（Ralph J. Brodd，2005年）向美国国家标准与技术研究院提交了一份材料，提出了高端电池产业创新模式存在的问题，这些问题和薄膜晶体管液晶显示器产业曾经遇到的问题类似。美国取得科技突破，却未能实现大规模批量生产，错失了科技突破产生的巨大价值。布罗德的研究找到了美国锂离子电池量产的障碍。他特别强调，美国企业及风险资本家的短期功利主义是最大障碍。布罗德（2005 年）说：美国企业及风险资本家的短期功利主义只求快速获得经济收益，而日本同行则着眼长远，专注于占有最大的市场份额。这种短期功利主义造成美国企业及风险资本家毫无兴趣提升国内的制造能力，而是将制造工作外包出去。

随着电子设备的功能日益强大，存储容量需求也相应提高，缺乏能满足这种需求的电池技术是继半导体设备领域革命之后电子产业面临的一个巨大挑战。在人类发明锂离子电池之后，电池的存储容量大大增加，便携式设备变得更加轻薄。美国政府再次介入，通过多家机构的多个项目投资电池产业，帮助小型电池企业提升制造能力（布罗德，2005 年）——不仅为电子设备服务，还为同样重要或更重要的“零排放”电动汽车服务。几十年来，美国政府一直积极参与能源产业，这是政府努力应对经济与社会需求的一大举措。本书六、七两章将详细探讨这个问题。

iOS 操作系统系列产品都含有非常复杂的电子设备。尽管每个电子设备的用途存在根本差异，但是每个电子设备中使用的多种技术往往在所有产品中都得到应用。蜂窝通信技术应用于除了 iPod 之外的大多数产品中。在早期研发阶段，蜂窝通信技术得到政府的大力支持。《突破性报告》（*Breakthrough Report*）于 2010 年分析了 20 世纪美国军方在推动无线电通话技术发展中发挥的重要作用。美国科技政策办公室于 2006 年也记录了在 20 世纪 80 年代快速傅里叶变换算法的应用取得科技进步之后，政府积极支持数字信号处理技术的研发，成效显著。这种新的信号处理方法既能实时处理声音（如双向通话），也能实时处理大音频文件或多媒体文件并提升这些文件的重放质量。数字信号处理被认为是 iOS 操作系统的一个核心特征，具有媒体播放器功能［德夫林

（Devlin），2002 年］。

是美国政府“挑选”了 iPod 吗

在 2006 年的一份政策文件中，美国前总统乔治·沃克·布什提出了创新战略。在第一代 iPod 中使用的各种组件技术，其源头可以追溯到美国税收收入资助的基础及应用研究（科技政策办公室，2006 年）。尽管这份文件缺少翔实的背景描述和文字图片，但有一组图片能够说明 iPod 组件技术（如硬盘驱动器、锂离子电池、液晶显示器、动态内存高速缓存设备和信号处理器等）的来源。图 13 扩充了科技政策办公室的图片内容，详细列出了各种技术组件。这些技术组件后来被广泛地应用于苹果公司的产品中，如 iPhone、iPod Touch 和 iPad。

培育本土产业

美国政府除了着力培育科技基础来促进创新之外，在保护像苹果公司这类企业的知识产权方面也发挥了关键作用，确保了这些企业不会因为其他企业违反贸易权而蒙受损失。美国政府积极支持苹果公司这类企业，帮助它们成功打入全球消费市场，并成为这些企业获得且保持全球竞争优势的重要推手［普雷斯托维茨（Prestowitz），2012 年］。尽管总部位于美国的公司将自己定义为超越政治边界的跨国实体，然而一旦在全球市场发生争端，这些公司通常首先向华盛顿求援。只有得到美国政府的支持和引导，美国企业才能进入受到贸易保护的国外市场。例如，20 世纪 80 年代苹果公司的产品很难进入日本市场，于是苹果公司向美国政府求助，理由是：美国政府有义务和日本政府交涉，让美国的产品

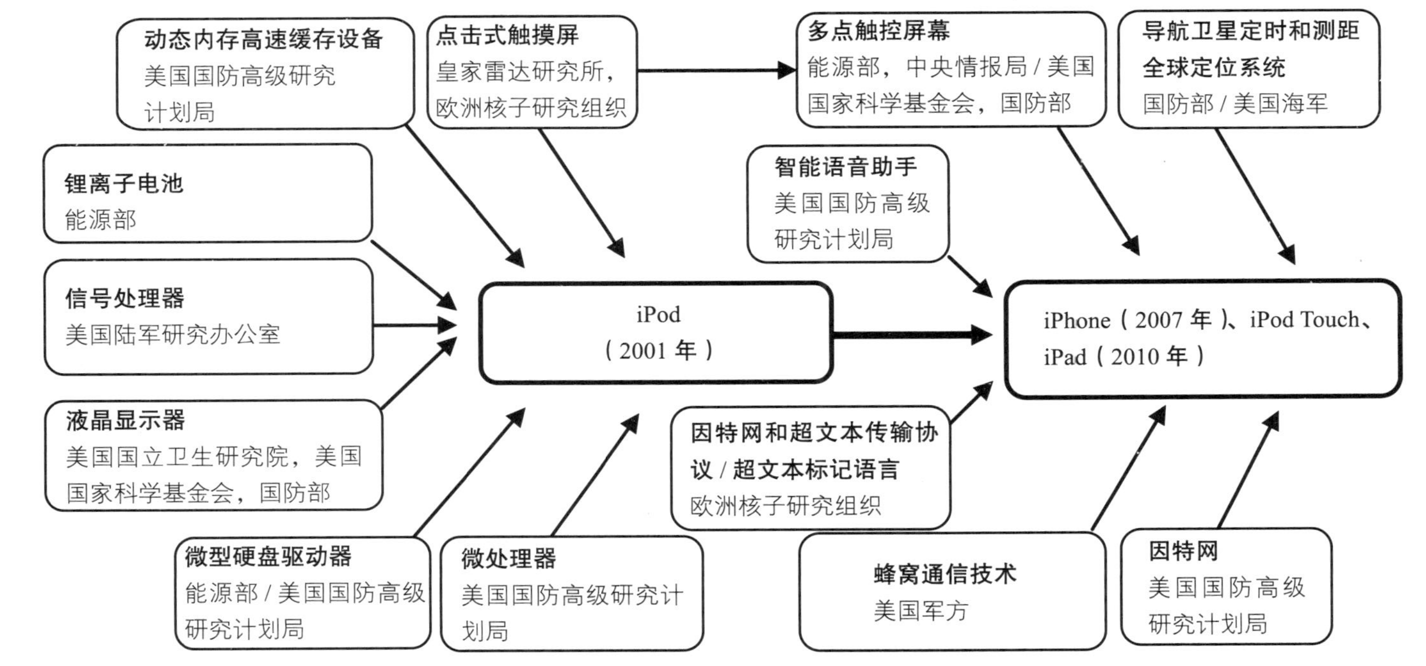

图 13　苹果公司畅销产品之源

资料来源：基于科技政策办公室发布的《基础研究对创新的影响》（*Impact on Basic Research on Innovation*），作者（借助图卢姆的研究结果）自行绘制。《基础研究对创新的影响》阐述了基础研究给创新带来的诸多益处。

进入日本［莱昂斯（Lyons），2012年］。当全球竞争不受约束大大损害美国公司的利益时，美国政府支持苹果公司这类企业，确保知识产权法在全球范围的有效实施。地方政府和州政府格外保护苹果公司，持续向它提供各种补贴，确保其不断创新。

此外，美国政府一直提供多种税收减免政策及采购支持，使苹果公司这类美国企业获益丰厚。美国财政部的一份文件显示，2008年，企业（包括苹果公司在内）的研究与实验税收减免总额达83亿美元（美国税收政策办公室，2011年）。加利福尼亚州政府推出整套税收减免措施，计算机企业及电子企业申请者数量占比最高［伊贝尔（Ibele），2013年］。[①] 据报道，自1996年以来，苹果公司获得的各类研发税收减免额达4.12亿美元［杜希格（Duhigg）和科西恩尼维斯基（Kocieniewski），2012年］。

政府的采购政策支持了苹果公司的发展，助力其度过一个又一个发展的关键期，使其在同行的激烈竞争中成功胜出。美国的公立学校一直是苹果公司的忠实客户，自20世纪90年代以来每年都购买苹果公司的电脑和软件。[②] 克洛斯特（Clooster）于2009年提出，20世纪80年代末，苹果公司的Apple III（苹果公司生产的商用计算机）和Apple Lisa（苹果公司生产的图形界面计算机）销路不畅，然而公立学校却成了它们的一个重要市场。2009年（金融危机之后）通过的《美国复苏与再投资法案》（*American Recovery and Reinvestment Act*）提出了许多激励措施，让

---

① 2003年，加利福尼亚州的一份立法报告评估了加州研发税收减免项目的效果。报告显示，就申请数量而言，中小型企业申请者数量占比最高（超过申请者总数的60%）；就申请税收减免额而言，大型企业的占比最高（超过研发税收减免总额的60%）。

② 1994年，在美国中小学购买的教育用计算机中，苹果电脑的占比达58%［弗林（Flynn），1995年］。教育工作者也欢迎苹果公司的新“教科书倡议”——增加使用虚拟课本，有望大大降低课本价格。这些虚拟课本需要使用iPad，因而增加了iPad的销量。

美国的计算机企业及电子企业从中受惠。例如，美国国内收入署（IRS）微调了“529 大学储蓄计划”的涵盖范围，将购买“计算机技术及设备”界定为确保教育质量的一项必要支出。这个条款有望推动苹果公司的计算机、平板电脑及软件的销售。[①]

总之，如果政府主导、积极推动高风险的技术发展，不惧高风险，大胆进行前期投资，并能持续跟进，那么后期私人投资者也会“参与进来，收获颇丰”。在像美国这类国家中，你能轻松地“找到你的所爱”并认真追求，同时保持一颗“求真若愚”的心。因此，虽然“自由市场”专家一直警告政府“挑选赢家”有潜在危险，但是我们可以说，美国政府的各种政策为苹果公司的成功奠定了坚实的基础，使得苹果公司成为 21 世纪最具活力的高科技产业的行业巨头。如果美国政府没有经常进行有针对性的投资和干预，大多数有望成为“苹果公司”的企业可能都会成为计算机与通信时代全球市场角逐的失败者。苹果公司组织高效，成功地将多种复杂技术整合成备受青睐的用户友好型设备，同时还配置了强大的软件媒介，这一点不容忽视。但是，苹果公司运用的大多数最先进的技术都得益于之前政府多年来主导的多部门集体攻关成果。政府的这些推动工作都是在前景不确定的情况下做出的，而且是以捍卫国家安全或提升经济竞争力的名义来进行的。

在第八章中，我们将再次探讨苹果公司：政府不仅对苹果公司进行有风险的创新型投资，还投资了苹果手机高度智能的所有革命性技术。我们不禁要追问，政府从中获得了什么回报？我们发现，这也许是 21

---

① 《国内税收法》（美国税法）第 529 条包括一些税收优惠政策，也被称为“合格大学教育投资计划”或“大学储蓄计划”。2011 年通过的一项立法修正案，允许父母和学生使用他们的大学储蓄账号购买计算机、计算机设备及配件（包括 iPad）。此前，购买这些产品都不被视为合理的学习支出，也不能从大学储蓄账号中支取这些费用［埃贝林（Ebeling），2011 年］。

世纪的决策者必须问自己的一个最重要的问题。一方面，我们希望政府积极主动，勇于引领下一场技术领域的绿色革命。另一方面，政府在财政紧缩的压力下，必须用有限的预算掀起这场革命。找到这个“风险-收益关系”的解决方案是突破这种困境的必由之路。

第六章

主导、助推绿色产业革命

美国能源部的下属机构先进能源研究计划局在成立之初，成效显著。它最初的几个雇员发布了研究项目招标公告。它的首批资助项目（37个）收到3 700份申请，一度造成美国政府计算机系统瘫痪。这些项目吸引了一批办事高效、智力超群的人：一位就职于英特尔公司的热力学专家、一位麻省理工学院电气工程学教授和一位任教于麻省理工学院的清洁技术风险投资资本家。先进能源研究计划局局长阿伦·马由姆达尔（Arun Majumdar）是伯克利纳米技术研究所（Berkeley's nanotechnology institute）负责人。他的副手埃里克·图恩（Eric Toone）是杜克大学生物化学教授、企业家。阿伦说他们这个团队是兄弟连。而我倾向于将这个研究项目看作涵盖在8 000亿美元经济刺激计划中的4亿美元的"曼哈顿计划"。

——迈克尔·格伦沃尔德（Michael Grunwald）（2012年）

苹果公司取得成功可以说明政府投资是如何催生信息与通信技术革

命的，而这场革命又是如何创造了全球新的高科技基础设施以及许多核心技术的——推动了苹果等公司迈向成功。相比之下，在全球范围内由政府推动的绿色产业革命应被视为政府努力转变现有的最大规模的能源基础设施功能的尝试。能源基础设施带来大量沉没成本（sunk cost），不仅需要创新技术和创新型企业，还需要持续支持这些技术相互竞争的市场（霍普金斯和拉佐尼克，2012 年）。

我们无法影响创新型绿色企业和绿色技术的产生。如果没有针对需求侧和供给侧的政策，我们也无法转变能源市场，因为每个政策要么影响市场结构及功能，要么影响那些试图发展或转型为绿色技术公司的投资。一般而言，需求侧政策专注于环境监管，影响能源消费模式；供给侧政策则专注于如何产生并分配能源，影响能源技术创新及快速应用。需求侧和供给侧这两种政策都很关键，因为需求侧政策有助于确立技术的发展方向（技术为了什么目标而发展？），这种方向包括支持各种解决方案（低碳 / 无碳及可再生能源）；需求侧政策包括可再生能源配额制、温室气体减排目标、能源密度目标（单位 GDP 能耗衡量标准）、新的建筑标准，甚至还有“碳税”。每项措施针对能源消费模式，确立需求，减少污染，增加清洁能源的使用率，提高能源体系效率。供给侧政策可能包括税收抵免、补贴、贷款、拨款等措施，以及针对具体能源技术提供其他的货币激励、优惠的能源定价方案（如上网电价）、研发合同，资助并推动创新。这些政策支持技术发展，而这些技术补充了需求侧政策并为之提供了解决方案。

目前，全球范围内有几百项重要的能源政策正在实施。有些政策已推行了几十年。这些政策覆盖国际、国内以及各个地方。本章所述的 4 个国家都用供给侧和需求侧政策大力推动了绿色产业发展（产生了不同结果）。许多关注能源政策的人都忽略了这一点：只有风力发电机和太阳能电池板（第七章的主题）发电成本相当于或低于化石燃料发电需要的成本，这些技术才不再是边缘技术，才能推动能源转变——对减少由气候变化带来的破坏性影响非常关键。理解企业如何通过创新过程将政府支持机制变成成本低、性能好的产品，这是讨论创新政策时缺失的环节。这种缺失不仅打击了我们推动能源升级的信心，还影响到用于创新的一些大额投资。政府必须一直支持清洁技术，直到这些技术使现有技术丧失沉没成本优势。在某些情况下，这些沉没成本失去优势需要整整一个世纪。

这就是为什么本章大部分内容都在探讨供给侧支持机制（当然也讨论了需求侧的重要政策）。在当前的政策环境下，许多国家一直在积极部署公共财政，意在推动绿色产业发展。这种政策是对企业发展最直接的支持，同时也更好地推动了绿色产业发展，因为现有的需求侧政策都假定充满活力的私人部门最终会响应减少污染、使用更多可再生能源的号召。不仅如此，需求侧政策不一定非得利用国内资源强行达到发展地方经济的目标。① 需求侧政策至关重要，特别是在预示未来市场潜力方面。和供给侧政策一样，需求侧政策也会受到政治管理机构变化带来的影响。这些政策要想取得成功，必须解决创新背后的不确定性及成本问题。只有这样，能源创新才能实现政策目标。②

为市场长期的发展壮大提供补贴，直接或间接地资助企业，投资承

① 例如，美国各州通常有能力交易可再生能源信用或将环境收益证券化。可再生能源信用通过各州购买可再生能源而不是对实际能源基础设施进行变革，以实现可再生能源发展目标。尽管实现政策目标令人向往，但这并不能保证以州为基础的供应链或企业能实现目标。绿色发展产生的许多经济效益都难以成为现实。

② 马帝诺（Martinot）的研究表明，可再生能源发展目标是一个非常有用的工具，它能够追踪哪些国家在推进可再生能源以及推进的力度。依据可再生能源在能源结构中的比重，120 个国家制定了各自的政策目标，其中，欧盟的目标是 20%，丹麦是 100%，德国为 60%，中国的目标最为远大，到“2030 年或 2050 年前实现绿色升级”。

诺创新的企业，在这些方面，供给侧政策发挥了非常重要的作用。供给侧政策有望加速创新型企业的发展，实现绿色产业革命。只有这些供给侧政策取得成功，风能、电能这些可再生能源成功地得到应用和推广，才能为智能电网的数字能源供应网络的发展创造机遇并使其稳固发展。我之所以说创造机遇，是因为可再生能源必须得到进一步的管理；我之所以说稳固发展，是因为那些将可再生能源整合到国家电网力度最大的国家，它们对智能电网技术的需求最多。能源系统的成功改造涉及集体的和互补的产业变革，换句话说，认真对待可再生能源是将能源技术带入 21 世纪的必要又关键的一步。

本章探讨由创新催生的应对气候变化的新技术革命的发展前景。第一部分将简述发展绿色经济背后的驱动因素。第二部分将介绍几个国家打造绿色经济采取的不同方案，以便实现两个目标：既走出目前经济衰退的困境又缓解环境问题。有些国家，如中国和德国，大力推动清洁能源产业发展，并推出了整体政策框架（推出以绿色发展为首要目标的理念和供需措施）。其他国家，如美国、英国及一些相对落后的欧洲国家推出一些零散的发展战略，缺乏明确的发展方向，未能提供长期激励，结果以“开启–停顿”的方式应对绿色发展倡议，其成效不免令人怀疑。

第三部分将详细分析美国采取的方法。该部分的内容表明，相互矛盾的政府倡议会阻碍清洁技术产业的充分发展，将限制投资并制约新能源技术的推广应用。美国的方法很重要，因为它代表了一种范例——公共部门的大笔财政支持受到目标不明确的政府项目的挑战。一方面，政府通过刺激风险资本家发挥引领作用助推绿色技术发展；另一方面，美国政府也努力推动绿色发展，资助公共研发与引入项目相互协调。目前，支持制造业的发展而反对“挑选赢家”成了经典的模式，而政府如何才能更加积极地资助所需供应链的发展却没有受到足够多的关注。美国采取“资助一切”的方法，希望在能源创新方面取得突破（这种突破可能也是绿色的，并将会在实验室里研究出来），同时希望风险资本家资助领先的初创企业，使这些创新技术得到商业推广，最终实现全面应用。然而，实际情况并非如此。因为许多清洁能源技术的开发需要长期的财政支持，而风险资本家不愿意或无法提供这种支持。第二部分和第三部分探讨几个国家采取的不同方法，而第四部分将详细分析这些不同方法并得出结论。

资助绿色产业革命

首先，什么是绿色产业革命？有很多方法可以将绿色产业革命概念化，但基本前提是，目前的全球工业体系必须转变为环境可持续发展的工业体系。可持续性要求实现能源转换升级，无污染的清洁能源技术便成为首选。可持续发展减少了对有限的化石燃料和核能的依赖，转向了无限的燃料源——太阳能。建立一个可持续发展的工业体系还需要材料回收利用技术、先进的垃圾处理技术、更好的农业实施办法、各行各业更加严格的能效举措、海水淡化设施（应对资源及淡水短缺）。毫无疑问，任何绿色产业革命都必须改变现有经济部门，创立新部门。这是一个持续发展而没有明确终点的避免地球毁灭的发展方向。这个观点补充了佩雷斯（2012 年）的主张——绿色不是一场革命，而是将信息技术革命彻底导入到所有的经济部门，使“维护保养”成为高科技领域，而不是技术含量低的边缘领域（马祖卡托和佩雷斯，2014 年）。

气候变化问题和绿色产业革命紧密地联系在一起。气候变化这个全球环境危机影响了所有人，这个问题是由当前的主要经济活动直接造成的。温室气体排放加剧了气候变化问题，而大部分温室气体是主导性的能源生产技术（推动着现代经济体的发展）带来的副产品，特别是燃煤、石油和天然气。在这种情况下，如果要避免气候变化造成的最恶劣的后果，那么能源生产部门要勇于变革创新——用技术手段颁布强制性规定，或施行全面经济调控以激励企业或个人做出有益环保的决定，从而管控或避免温室气体排放。因此，决策者的选择面很广。

由于化石燃料技术和基础设施已嵌入现代社会并产生了“碳锁定”（carbon lock-in）效应［昂鲁（Unruh），2000 年］，本章将清洁能源作为需要广泛应用以促成绿色产业革命取得成功的技术范例。太阳能和风能在应用过程中不排放任何污染物，这两种典型的清洁能源已有过一段发展历程（第七章将详细探讨）。风能和太阳能技术同时也为创新 IT 产业提供了更多的发展机遇。IT 产业从清洁能源项目中获得更多的方向指引。风能和太阳能的特点是分散且不连续，它们适用于马德里加尔（Madrigal）称作“用软件处理问题”的方法——用先进的计算机进行模拟，管理风能、太阳能发电并远程监控，从而提升风能、太阳能项目的生产率及可靠性。投资智能电网是为了实现现代能源系统电子化，实现清洁技术、性能及效率的优化，同时为电网运营商及终端用户提供先进的管理方案。这种灵活性及远程监控方式和数字化通信网络的特点没有什么不同。信息和通信技术革命催生了数字化通信，不仅创造了新的商业机遇（以因特网为载体），而且为各种知识的生产、积聚、传播和利用提供了一个重要平台。将来，智能电网会得到广泛应用，并将改变我们对能源的看法，还能通过优化能源管理及需求响应机制创造新的商业机遇并改善可再生能源的经济前景。

开启绿色产业革命应对气候变化，需要政府积极支持，大胆面对早期阶段的极大的不确定性，而企业界担心这种不确定性。尽管很多人将清洁技术吹捧为“新的经济疆域”，将绿色革命说成是即将到来的第三次工业革命，但实际上，清洁技术的发展缓慢。例如，风能和太阳能的历史可以追溯到100多年前（如果将能源的非电力方面的运用考虑在内，则可追溯的历史更长）。虽然工业革命通常被描述为以蒸汽和化石燃料为核心［巴卡（Barca），2011年］，但是我们却一直依赖生物能、风能和水能。[①] 尽管过去我们对清洁能源技术有些经验，目前对这些技术有所了解，政府大力支持将清洁能源变成能源中的主流，但是从历史的角度来看，要么没有政府支持，要么政府支持的力度时大时小。对未来清洁技术不够专注，缺乏重点，阻碍了化石能源基础设施更快地转为清洁能源基础设施。

21世纪初，世界各国政府再次发挥引领作用，大力推进各种清洁技术的研发，如风能和太阳能。各国政府努力建立现代化电网并向领先的电力供应商提供补贴，使它们发展壮大并参与国内外竞争，从而在市场中获得主导地位。另外，政府颁布政策并提供财政支持，鼓励可再生能源市场有序竞争和稳步发展。正如生物技术和信息技术这类产业的发展历程一样，只有在政府项目取得成功，排除了开发新能源技术的大多数不确定因素及大量风险之后，私人企业才会参与进来。

绿色产业仍处于发展的早期阶段，市场及技术方面都存在不确定性（这是早期阶段的特点）。绿色产业无法借助市场力量自然发展，一部分原因是固有的能源基础设施匮乏，另一部分原因是市场未能重视可持续性，对浪费和污染行为惩罚力度不够。面对这些不确定性，只有在风险最高、资本量最大的投资完成之后，或者当系统性、延续性政策信号早已出现，私人企业才会进入绿色产业。就像信息技术、生物技术和纳米

① 具体的例子有水车、风车、风帆，燃烧木材获取热能或蒸汽。畜力是过去人们使用的另一个重要能源，促进了农业发展。

技术产业发展的早期阶段一样，如果没有政府积极的政策支持，那么私人企业就不会进入新的绿色产业并推动其发展。因此，虽然激励措施可能会促使一些企业家行动起来，但是大多数企业家需要更强劲的政策信号以鼓励他们积极投身于清洁技术创新。只有长期政策支持才能减少将传统核心业务转向清洁技术的不确定性。实际上，没有哪一个高科技产业是由短期激励措施创造或实现转型的。

绿色经济发展的国家路径

各个国家应对绿色经济发展面临的挑战采取的措施不尽相同。有些国家利用金融危机之后的刺激性支出，将政府投资导向清洁技术产业，以实现两大目标：实现经济增长和减少气候变化带来的恶劣影响。有些国家走在前列，另一些国家则明显落后。由于创新投资逐步实施，从而产生了“路径依赖”（今天的创新依赖于昨日的创新），从这场竞争中胜出的行业领导者可能在未来几年里仍保持领先地位。换言之，那些最先行动的国家拥有先发优势。

然而，有些政府未能提出清洁能源发展倡议，也未能真正推动清洁技术的发展，从而对清洁技术的投资也产生了一定的影响。那些推行零碎政策促进清洁技术发展的国家未能刺激足够多的投资以改变其“碳足迹”，这些国家也不可能催生出清洁技术的未来领导者。中国是大力推进清洁技术发展的一个典型代表。在欧洲国家中，德国率先开发清洁技术。美国表现出矛盾的发展趋势，政府在绿色技术领域发展的早期阶段进行了大量投资，但是，由于政府在推进绿色技术发展过程中目标不明确，思路不清晰，而且未能长期致力于几大核心技术的发展，美国未能根本改变其能源结构。英国也同样落后。[①]

2009 年《美国复苏与再投资法案》一揽子刺激方案将财政预算的 11.5% 用于清洁技术投资，低于中国（34.3%）、法国（21%）、韩国（80.5%），但高于英国（6.9%）。2010 年 7 月，韩国政府宣布，将增加绿色研发的支出，到 2013 年达到 29 亿美元（约占当年 GDP 的 2%）。这就意味着，2009—2013 年韩国政府在绿色技术研发方面投入的总额将达到 590 亿美元。图 14 显示，2004—2011 年欧洲及美国、中国引领了全球可再生能源的投资。在欧洲国家中，德国的投资力度最大。欧元区债务危机将对未来 5 年的投资产生什么影响，目前形势并不明朗，最近的趋势是增加了总体投资。

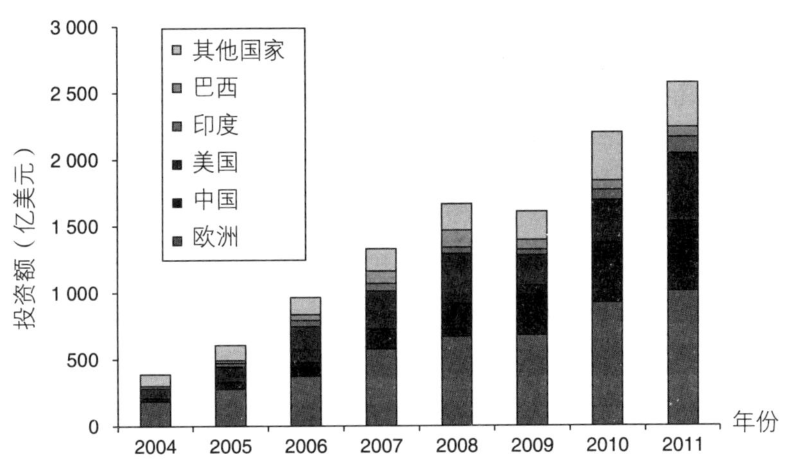

图 14　全球新增的可再生能源投资

数据来源：法兰克福金融管理学院（2012 年）。

① 欧洲的芬兰、法国、丹麦、挪威这 4 个国家积极推进了绿色技术发展，走在欧洲国家的前列，而爱尔兰和西班牙两国在推动绿色经济发展方面落后于其他国家。

图 15 进一步说明，在欧洲国家中，政府在能源研发方面投资力度差异很大。英国、西班牙、爱尔兰三国的投入低于美国和其他许多欧洲国家及亚洲国家。私人企业也未能弥补这个差距。英国公共利益研究中心（Public Interest Research Centre）于 2011 年指出，2009—2010 年，英国的能源研发总体投资为 126 亿英镑，“不足英国 GDP 的 1%，相当于目前韩国绿色技术投资额的一半，低于目前英国每年用于家具的支出”。

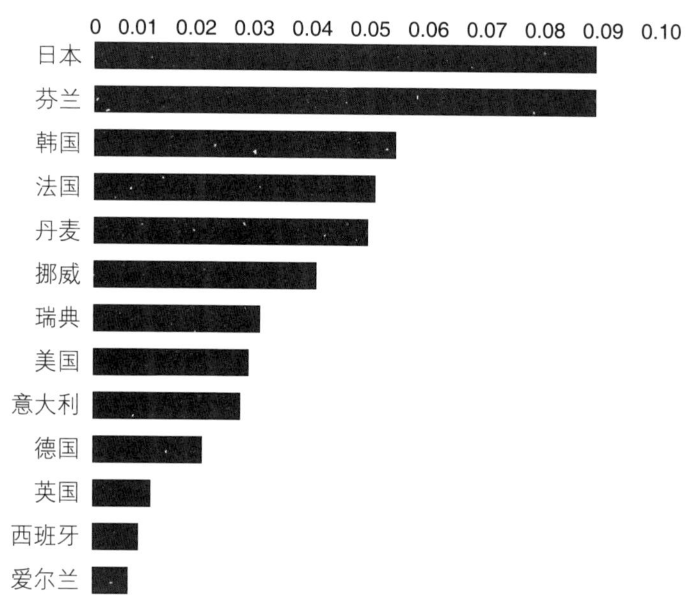

图 15　2007 年 13 国政府的能源研发支出占 GDP 的比例

数据来源：英国气候变化委员会（2010 年）。

在一些新兴经济体中，国家投资银行发挥了主导作用，推动了清洁技术的发展。中国国家开发银行是中国太阳能发展取得成功的关键。在 2010 年之后，中国国家开发银行向国内实力最强的 15 家太阳能光伏制造商发放了 470 亿美元的贷款，资助它们做大做强。2011 年，这些企业共获得约 8.66 亿美元的资助［贝克韦尔（Bakewell），2011］。政府财政支持促成太阳能光伏制造企业快速扩大规模、发展壮大，中国的太阳能技术制造商很快成为国际太阳能产业的重要企业。这些企业能够快速削减太阳能光伏电池板的成本。

2011 年，巴西国家开发银行批准了 42.3 亿美元资助清洁技术［弗里德（Fried）、舒克拉（Schukla）、索耶（Sawyer），2012 年］。在生物技术领域，巴西国家开发银行一直致力于资助企业度过“死亡之谷”阶段。死亡之谷是创新过程中的某个阶段，涉及概念验证阶段、全面测试阶段或提交审批阶段。因为没有持续的企业融资支持，许多企业就会在这个阶段“死亡”，所以政府的财政支持非常关键。巴西国家开发银行积极资助发展清洁技术，这项举措令人鼓舞。然而，这家银行也支持非清洁能源创新，巴西国家石油公司便是其最大的资助单位之一。

接下来，我们将简要分析中、英、美三国着力推动清洁技术和可再生能源发展采取的不同路径，重点探讨美国的做法。

中国的绿色发展五年计划

中国的新兴太阳能产业价格低廉，在欧洲和美国反响强烈并遭到它们的联合抵制（竞争性企业发起贸易战，得到政府的大力支持）。中国则将 2015 年国内太阳能发展目标定为 20 吉瓦，而在制定该目标时中国的太阳能容量仅为 3 吉瓦［巴顿（Patton），2012 年］。如果能按时完成这个发展目标，中国将极有可能成为世界第二大太阳能市场，三年内开发的太阳能总量相当于德国十年的开发总量。作为对这个目标的补充，中国利用区域性上网电价补贴固定太阳能、风能项目的电价，使它们的价格优势更明显［兰德贝里（Landberg），2012 年］。中国能源开发商得到的其他激励措施包括确保当前使用的技术在七年后收回成本，之后的几十年将持续产生收益。与此同时，制造商也在不断提升产品技术。中国2050年的风力发电量将达到1 000吉瓦，这是中国为推动经济发展和减少碳排放确立的第二大发展目标。相比于其他国家，这好比是个“登月计划”，因为1 000吉瓦电量等同于美国的全国电量，相当于欧洲电网容量（欧洲电网是全球最大的电网之一）。到目前为止，中国的风力发电目标一直在提升，这就意味着，中国国内的风能产业在未来几十年拥有大量的发展机遇。

中国的“十二五”规划雄心勃勃、前瞻性强，确立了投资多个产业的发展目标，投资额高达1.5万亿美元（相当于GDP的5%），涉及节能及环保技术、生物技术、新一代信息技术、高端制造、新材料、可替代燃料和电动汽车。这些投资背后的意图是，采取循环经济，把可持续发展摆在首位，将减排及垃圾控制定义为竞争优势的表现形式［马修斯（Mathews）等，2011年］。与产业投资相伴的是能源密度削减目标、排放控制及可再生发展目标（供给侧与需求侧政策相结合）。马蒂诺（Martinot）和李俊峰（Junfeng Li）于2007年指出，1995—2004年中国能源密度减少的目标值为30%，到2010年再减少20%。由于中国是二氧化碳排放大国，它将继续制定政策减少能源污染（霍普金斯和拉佐尼克，2012年）。① 气候工程基金会（Climate Works Foundation）说：“十二五”规划是“中国第一次正式将缓解气候变化的恶劣影响写入核

① 1998年，中国签署了《京都议定书》并于2002年批准了议定书。美国1998年也签署了《京都议定书》，但美国国会拒绝批准该议定书。起初，《京都议定书》的有效期截止到2012年12月31日；后来，这个有效期又有所推迟。即便如此，各国政府是否会继《京都议定书》之后签订一个包括确定温室气体实质性减排目标在内的法律条文，仍有待观察。

心经济战略”（2011 年）。当然，中国的“十一五”规划中也有减少污染和排放的内容。

中国政府认识到未来的竞争优势取决于资源的有效管理，中国的绿色发展战略则重塑了利用需求侧与供给侧举措实现优化经济发展的理念。中国的“双赢”计划实现了利润和环境的互补发展而不是相互权衡（西方许多经济体将二者视为相互权衡）。结果，中国的太阳能热水器和风力发电在全球占主导地位，中国不仅将继续保持太阳能光伏电池板主要制造商的地位，还是这些电池板的一个庞大的市场。

总之，现在中国将清洁技术作为发展战略，将持续推动经济增长。虽然中国已为新的可再生能源项目提供了数百亿美元资金，但是太阳能和风能技术的各种投资才刚刚开始［利姆（Lim）和拉宾诺维奇（Rabinovitch），2010 年］。

英国采用开启–停顿的方式应对绿色项目

英国推动绿色投资的力度不大，但是符合欧盟国家应对当前经济挑战采取的回应方式。安永会计师事务所（Ernst & Young）的一份报告（2011 年）指出：2010 年全球投资于清洁技术的投资额创历史新高，达到 2 430 亿美元（包括私人和公共投资，如太阳能项目的上网电价），但是面对财政状况不佳，政策信号不明朗的情形，不同地域和不同技术之间的投资差异很大。[①]

尽管英国首相 2010 年承诺领导“一个绿色程度最高的政府”［安德森（Andersen），2010 年］，实际上，英国削减了已实施的项目的投入，

① 该报告显示，中国获得的投资最多，其次是美国，而欧洲国家仍在财政支持发展清洁技术和管控政府赤字二者之间进行艰难的权衡。

减少了绿色技术的投资。2010—2011 年，英国能源和气候变化部共削减了 8 500 万英镑的预算，其中可再生能源支持项目减少了 3 400 万英镑。此外，2011 年碳信托基金（Carbon Trust）预算减少了 40%，节能信托基金（Energy Saving Trust）减少了 50%。因为英国政府不愿保证发展绿色技术的资金来源，例如，未能保证为电动汽车提供一年以上的拨款，没有承诺 2012 年审核上网电价结构，所以英国未能为绿色投资打造一个优越的环境（2011 年 4 月，英国政府决定将 50 千瓦以上的商用光伏电站的上网价格减半，以资助小型家用电站）。英国政府先前实施的项目，也未能达到理想的效果。2009 年 4 月，英国通过预算试图加快发电过程中的碳减排，要求所有新建火电厂必须配备碳捕捉与储存设施（2014 年以前所有火电厂必须全部安装这种设备）。然而，据英国议会下议院能源与气候变化委员会预测，这项举措可能会造成燃气发电激增，而不是大力投资碳捕捉与储存技术。这个例子说明，政策误导无法鼓励创新：在这个案例中，政策出现偏差，未能鼓励碳捕捉与储存技术创新。其实，这个举措带来了更多问题，因为该政策支持建立燃气发电厂，因而造成英国的电力来源更加依赖化石燃料。

当未来收益的信号非常明显时，企业才会投资。这个事实说明，那些未能成功释放这些信号的国家，绿色投资较少，甚至完全错失投资机会。丹麦的维斯塔斯（Vestas）和美国的通用电气这两家企业都提及英国缺少明确的政策信号，是它们取消陆地和海洋风力制造与开发计划的原因。[①] 维斯塔斯公司的萨拉 • 梅里克（Sarah Merrick）评论道：“因为很难看清可再生能源实施之后将会产生什么结果，因此投资者做出长远

① 不明确的信号包括上网电价政策经常变动，这种变动的政策挫伤了太阳能产业的信心，阻碍了绿色投资银行的发展（该银行投资的资金有限，2015 年以前，该银行甚至无法借贷）。

决策非常困难。”（贝克韦尔，2012 年）投资者无法依据政府的短期政策做出长远的产业决策。

英国政府的主要举措是建立一个绿色投资银行，为绿色技术提供种子资金。这个举措背后的理念是：私人企业能够领导绿色革命，政府只需要助推或提供各种激励措施。这种理念并不正确（任何一场技术革命都不是这样发生的），因为绿色投资银行投资的资金量太小，无法见效。建立绿色投资银行的举措没有从过去技术革命的发展历程中得到启示：在政府投资占主导地位之后，收益才会不断增加。中国政府为太阳能企业提供的资金是这些企业所需经费的 47 倍，而英国政府却只给“少量资金支持”。

英国政府通常认为，绿色投资和经济增长二者需要权衡。在经济下行时，决策者必须专注于收益明确的投资战略而不是采纳有风险的投资战略。然而，全球绿色产业的发展则恰恰说明了绿色投资是经济增长的最佳催化剂。由于创新打破了现有经济体系中的网络平衡，推动了某项具体技术的发展，因此，有人反对政府补贴和政府拨款，不管这些补贴和拨款用于实现何种目标。这种反对之声似乎有据可依。如果创新力量来自其他地方（如私人部门），政府不给予支持，那么并无大碍。可是，事实并非如此。

过去的 10 年，英国一直在追赶绿色技术。如果不改变目前的模式，那么英国将来极有可能成为绿色技术的进口国而不是全球领先的绿色技术生产国。

美国：发展绿色技术的路径不明朗

加速绿色革命需要什么条件，美国方案可以为我们提供线索。美国政府理解并吸收过去技术革命的成功经验，资助各类项目顺利实施。虽然美国政府善于整合利用学术界、行业及企业家资源推动清洁技术发展（过去由能源部牵头，最近由新成立的先进能源研究计划局牵头），但发展成果喜忧参半。20 世纪 80 年代，美国是世界上最先推动风能和太阳能发展的几个国家之一（20 世纪 50 年代，美国发明了第一块晶体硅太阳能电池），却未能持续支持产业发展，而欧洲及日本、中国都走在了前列。更糟糕的是，美国没有着力改变其能源结构，几十年来一直是二氧化碳排放大国。美国是世界最大的经济体，拥有世界一流的创新能力和纵横交错的能源网，具有开启清洁技术革命的理想条件，然而，美国并未开创清洁技术革命。在 2012 年总统选举期间，清洁能源开发再次面临极其不确定的因素，在关键时刻可能会失去政府支持。[①] 在谈到美国目前的能源产业结构及缺少能源政策时，通用电气公司首席执行官杰弗里·伊梅尔特（Jeffrey Immelt）用“愚蠢”一词来形容美国政府，他认为，其他国家在发展绿色经济方面已领先美国 10 年［格拉德（Glader），2010 年］。

美国模式的利弊

风险资本助推

美国在发展绿色经济方面表现前后不一的关键原因是过于依赖风险资本助推绿色技术发展。美国是全球清洁技术风险资本的大本营——全球风险资本投资额为 90 亿美元，美国的投资额为 70 亿美元。2012 年通

① 例如，风能行业的一个敏感话题是生产税收抵免政策有效期问题。虽然有效期被延长到 2013 年，即到 2013 年年底，但生产税收抵免政策又到期了。生产税收抵免政策于 1992 年出台，这项政策经常面临到期的尴尬局面，造成风能发展时兴时衰。政府未能将这项税收优惠政策作为政府长期大力支持风能发展的明确信号。

过的《启动初创企业法》（*Jumpstart Our Business Act*）放松了对小企业（年收入不足 100 万美元的企业）的财务披露要求，从而降低了风险资本的投资风险。该法规定众筹合法，风险资本家可以召集众多投资者推动企业上市。这个法案似乎专门确保风险资本投资人从那些紧跟政策的小企业中获得大笔收益。在这种情况下，很难确定该法案是否能增加就业机会：一方面，透明度降低，这些初创企业的信息很少，投资者面临的风险增加；另一方面，因为风险由更多投资者共同承担，所以该法案可能造成风险资本更专注于小企业。如果清洁技术企业目前的困境非常明显，那么企业的长期发展及增加就业机会对于政府的长治久安要比企业的首次公开募股的收益（风险资本通常的目标）敏感得多。另外，以太阳能产业为例，风险资本家都是“毫无耐心的资本家”，他们不愿意长期承担技术开发的风险和成本。风险资本家拥有的财力有限，无法尽最大努力资助清洁技术企业的发展。

由于有些清洁技术仍处于起步阶段，“奈特不确定性”最大，因此风险资本更加关注一些风险较低的投资项目而不是激进创新。激进创新将带来行业变革，实现两大目标：促进经济增长和减少气候变化带来的恶劣影响。高希和南达（2010 年）认为，目前只有公共部门的资金用于资助清洁技术领域中风险最高、资本量最大的项目（如图 16 右上角所示）。风险资本主要集中在图 16 左下角所示的领域。这种分布产生了很多问题，因为风险资本并未选择创新性强、资本量大的绿色技术行业。而这些行业恰恰是那些能够支持先进的清洁技术发展的行业。除非政府放宽资本限制或自己投资，否则这些重要领域将继续面临投资不足、发展乏力的问题。

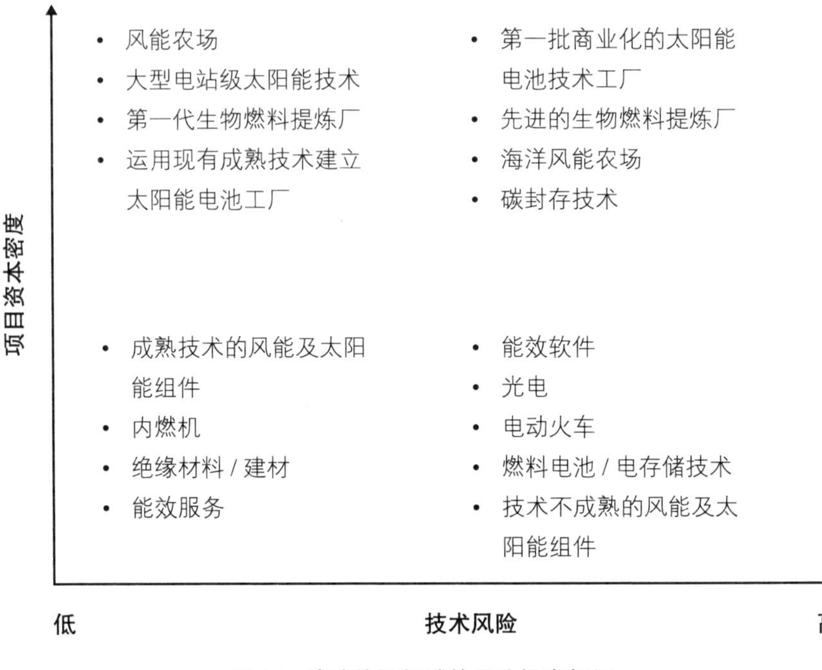

图 16　清洁能源领域的风险投资部门

资料来源：高希和南达（2010 年）。

和生物技术企业一样，清洁技术企业在将研发成果进行商业化推广时会遇到很多困难。实现规模经济所需的资本量通常高于 IT 产业（IT 产业是风险资本财富的发源地）。由于政府的大力支持，风险资本才涌向了清洁技术，绝大多数的风险资本都投资了成熟的清洁技术（有些技术已发展了几十年）[布利斯（Bullis），2011 年]。①

举例来说，美国第一太阳能（First Solar）公司（详见第七章）的成

① 美国风险资本的重点似乎放在了涉及能效的更多激进创新上，而没有重视尖端的生物燃料及先进的太阳能技术。就风轮机而言，风险资本似乎忽略了这项技术，这说明风险资本并不总能发现前沿技术或对这些技术产生兴趣。2012 年，风轮机技术已成为能源行业的领导者，是许多对新型可再生能源开发感兴趣的国家的首选技术。

功建立在数十年的发展基础之上。在第一太阳能公司的发展过程中，风险资本进入较晚，在首次公开募股完成后不久便退出了。第一太阳能公司的许多投资风险由美国政府积极承担，政府支持该企业创新开发薄膜太阳能技术并实现商业应用。美国政府的支持力度非常大，甚至帮助该企业优化制造过程。

此外，美国联邦政府和州政府推出激励措施，出资几百亿美元培育并发展美国国内太阳能光伏市场，确保第一太阳能等企业在市场上占有一席之地并能获得规模经济效益。目前，第一太阳能公司是薄膜太阳能电池板及太阳能光伏成本控制领域的领导者，加上美国政府的积极支持，这家公司的发展将一帆风顺。只要政府持续投资，很难想象这样的企业会倒闭。

风险资本缺乏耐心：索林德拉公司被投资者整垮[①]

索林德拉公司破产的事例说明，风险资本突然撤出也能毁掉开发创新科技（得到纳税人的支持）的企业的美好前程。索林德拉公司曾一度是清洁技术企业的佼佼者，也是第一家获得政府贷款担保的企业，当时，美国政府推出了《美国复苏与再投资法》（包含 370 亿美元的贷款担保项目）。该项目由美国能源部贷款项目执行主任乔纳森·西尔弗（Jonathan Silver）具体负责，他于 2009 年进入能源部，此前是一位风险资本家，曾担任过对冲基金经理。索林德拉公司的前身是一家高科技企业——铜铟镓硒太阳能电池板制造商，该公司获得 5.27 亿美元的政府贷款用于投资一家自动化程度更高的新工厂，以提高产量，实现规模效

① 本段参考了拉佐尼克和霍普金斯的论文《太阳升起：可再生能源需要耐心资本》（*There Went the Sun: Renewable Energy Needs Patient Capital*）。网址为 http://www.huffingtonpost.com/william-lazonick/there-went-the-sun-renewa_b_978572.html（2013 年 4 月 12 日）。

益。该公司本来寄希望于铜铟镓硒太阳能光伏技术能带来巨大的成本优势，因为在2008年前后，原料硅价格一路飙升（原料硅是主导市场的单晶硅太阳能电池板的主要原料）。

全球太阳能市场风云变幻，索林德拉公司的投资无法实现收益。该公司制造能力提升，但还没来得及发挥规模效益优势，原料硅的价格便大幅下跌了。单晶硅太阳能光伏技术的成本降幅远远超出预期。虽然得到政府支持并从企业投资人那里获得了11亿美元的投资，索林德拉公司依然未能避免破产的命运，它于2011年秋季宣布破产。所有股东都认定投资该公司一定会大赚一笔，绝不会亏损，然而，事与愿违。索林德拉公司的案例在当下具有象征意义，说明政府既无法有效地投资于有风险的技术又不能总是“挑选赢家”。

索林德拉公司的主要商业支持者是风险资本家，和其他风险资本家一样，这些风险资本家急切地盼望着首次公开募股或被兼并，这样他们便可以撤出投资。任何一种“出口”都能让他们在某个企业的投资折算成股份变现。最理想的情况是，出售股份获得资本收益从而产生大量财务回报，而不是从企业经营产生的现金流获得投资收益。但是，索林德拉公司的案例证明，市场存在不确定性，投资者并不总是能成功撤出。该公司的主要投资者在放弃了价值11亿美元的投资之后，1 000个工作岗位消失，5.35亿美元政府担保贷款付之东流。换句话说，索林德拉公司的投资者没有继续坚守，而是选择了放弃。①

① 当企业界失去耐心或不再容忍风险时，公司便会破产，这类公司不止索林德拉一家。2008年，英特尔公司剥离出旗下的太阳能光伏企业Spectrawatt，并注资5 000万美元。之后，Spectrawatt得到联邦政府和纽约州政府的共3 200万美元的政府资助。该公司预计2010年开始生产单晶硅和多晶硅太阳能光伏电池（安德森，2011年）。该公司在发展的过程中遇到许多问题：元件缺陷，来自中国同行的竞争越来越激烈，投资者拒绝追加4 000亿美元投资。最终，公司经营难以为继。

颇具讽刺意味的是，政府支持往往让索林德拉公司这类企业变得更有吸引力，因为投资者也在寻找政府的“耐心资本”并积极回应耐心资本发出的各种信号。我们似乎可以得出这样的结论：政府应该专注于推进风险最大的各种技术。有人认为，风险资本“不应该只服务于企业”（即使有政府贷款担保）。然而，这种情况并未发生。现在，美国政府遭受着来自共和党人的压力，他们反对贷款担保项目，认为政府应该不参与清洁技术的商业化推广。[①]

索林德拉公司已破产，巴森（Bathon）说，索林德拉公司起诉中国太阳能企业，认为这些中国企业导致其破产。如果该公司能够赢得官司并获得15亿美元的赔偿，那么它才能弥补股东的损失。该公司指控，中国同行故意压低太阳能电池板的价格，使自己和同业竞争者均蒙受损失，而中国同行获得政府支持，造成了不公平竞争。人们如果将美国太阳能产业政策的失败和中国政策的成功做个比较，就会发现索林德拉公司的指控非常虚伪。大多数产业评论者无视复杂的政策及产业发展动态，只关注美国政府为了保护本国太阳能光伏企业不惜和中国打贸易战。

索林德拉公司出售了主要资产，其中总部资产和制造设备（2010年建造）价值3亿美元，之后只剩下7 100万美元可以分给包括纳税人在内的股东［伍德（Wood），2012年］。失业员工共得到35万美元的补偿，

① 在美国经济中，缺乏耐心的资本资助清洁技术企业引发的各种问题不是无法解决的。但是，有些决策者思想保守，对清洁技术持怀疑态度。众议院6213号提案《不要再有索林德拉法案》（*No More Solyndras Act*）由密歇根州众议员弗雷德·厄普顿（Fred Upton）提出，得到另外21位众议员的响应和支持。2012年9月，国会以245票赞成，161票反对，通过了该法案，但尚未进入下一步程序。该法案意在终止美国能源部的担保贷款项目，即今后不再给各种清洁技术提供这种支持。该法案忽略了一点：过去几十年商界一直没有投资清洁技术。共和党议员发起对索林德拉公司的调查成了攻击清洁技术投资的理由。实际上，担保贷款项目也支持核电厂、汽车制造商、可再生能源项目等。

政府得到 2 700 万美元的拖欠贷款。与此同时，索林德拉公司的母公司 360 度太阳能控股公司（在 2011 年债务重组期间，由索林德拉公司的风险投资人和美国能源部联合成立）可以在未来获得 3.41 亿美元的税收抵免，如果该公司能从其他投资中获利的话。换言之，在索林德拉公司倒闭之后的一段较长时间内，纳税人一直要为股权投资者买单。

资本缺乏耐心，可以毁掉那些能将政府资助的技术推广给大众的企业。但是，批评者通常只关注政府失败的案例，认为政府是失败的根源。他们却没有审视那些精明的商界人士，恰恰是这些人的行为导致了失败——要么撒手不管，要么没有全力以赴，要么只关心财务回报。如果风险资本家对资本密集型产业不感兴趣，或者对投资建厂没有兴趣，那么，他们对经济发展还有什么贡献呢？他们的作用实际上非常有限。更重要的是，清洁技术产业的发展面临的困难是，急需更多、更有力而不是更少、更无关紧要的政策支持，因为现有的融资模式对投资者有利，而不利于公众利益。

美国能源部和先进能源研究计划局大力推进能源创新

几十年来，风险资本未能为推动激进创新提供必要的长期支持，而政府项目则弥补了这个不足。1978 年，美国能源部成立，它整合了多家政府机构和 17 家国有实验室，正式将能源创新纳入政府的常规工作，以应对频发的全球能源危机。美国能源部每年预算达到几百亿美元，曾经通过其庞大的组织网络从供给侧和需求侧资助了许多项目，扶持了各种清洁技术的发展。[①] 这些项目包括 1992—2012 年为太阳能和风能研发分别提供 34 亿美元和 12 亿美元的研发资助（以 2011 年美元值计算）。虽然我们可以举例说明美国政府曾积极资助化石燃料和核能产业的发展，但是对我们来说，更重要的是认识到，美国能源部的作用体现在美国的大多数大型风能和太阳能企业的发展历程中。美国政府经常和企业合作，如向企业提供各方面的支持，包括拨款资助、合同资助、贷款资助和研发资助，以及通过资助遍布全国的大学科研和公私合作项目来建立一个庞大的知识宝库。

在奥巴马执政期间，美国能源部对清洁能源研究的支持力度大幅提升。在《美国复苏与再投资法》通过之后，美国能源部拨款超过 130 亿美元用于发展清洁能源技术，实现能源基础设施现代化，减少浪费、促进升级，坚持走可持续发展道路。2009 年，美国能源部拨款 3.77 亿美元，用于资助全美 46 家能源前沿研究中心，这些研究中心属于大学、国家实验室、非营利性组织和私营企业。5 年间，美国能源部已为清洁能源技术累计拨款 7.77 亿美元。这种资助力度意味着美国能源部在推动发明创新达到技术成熟阶段之后，还能促进创新生产与推广应用。美国能源部拨款数亿美元给企业（通过配套资金和贷款计划）用于支持开发太阳能电池板的生产设备、电动汽车蓄电池和生物燃料项目，还推出各

① 简言之，我们应该注意到，美国的许多联邦机构都会影响能源创新，国防部是其中之一。据测算，到 2030 年，国防部每年将支出 100 亿美元用于开发可再生能源［科罗塞克（Korosec）,2011 年］。和其他许多联邦政府机构一样，国防部对能效的要求越来越高，将资助多个清洁技术产业，如太阳能、风能、水能、生物燃料及能源存储。国防部太阳能光伏项目价值 20 亿美元，已在加利福尼亚州欧文堡启动［普罗波斯特尔（Proebstel）和惠洛克（Wheelock），2011 年］。国防部国防后勤局和国防高级研究计划局从 30 亿美元总预算中划拨 1 亿美元用于资助各种清洁能源的军事应用［莱文（Levine），2009 年］。国防部是政府能源的消费大户，每年的能源消费约为 40 亿美元。国防部对许多清洁技术的发展及应用影响巨大，将对这些技术能否取得成功产生长期影响（参见网站 serdp.org）。

种项目用于促进太阳能光伏应用到家庭和企业。最近实施的这些项目表明，政府在推进民用经济创新方面正在加大投入。

先进能源研究计划局——锐意突破

依据2007年通过的《美国竞争法案》(*American Competes Act*)，先进能源研究计划局成立，依据2009年的《美国复苏与再投资法》，该局获得第一笔资助。先进能源研究计划局依照国防高级研究计划局的模式设置，其宗旨是"聚焦'突破性'转型研究"(因为风险大，行业自身无法或不愿支持这类研究，但这类研究一旦取得成功将对国家带来诸多益处)。如前所述，如今国防高级研究计划局拥有数十亿美元的研究项目，被称为过去五十几年里的一股创新突破的力量，开展的重要研究为因特网、微软视窗、隐形战机及全球定位系统奠定了技术基础。艾丽卡·富克斯称之为一个自下而上的管理体系(富克斯，2009年；也可参见本书第五章关于苹果公司iOS操作系统系列产品的描述)。

国防高级研究计划局秉持的一个激进的思想是期待并容忍失败。富克斯(2009年)将该局的成功归功于其特别的组织结构。项目经理——通常是世界一流的研究者，拥有全部自主权，可以自由地探究开拓技术的发展方向及开创技术的解决方案。国防高级研究计划局研究人员拥有一定的研发自由和自主权，他们不同于通常的政府人员、学术机构或企业的员工。国防高级研究计划局的工作不是政府在"挑选赢家和输家"，而是政府在引领研发。企业界不愿承担开展这类研发的风险，而美国能源部这类政府机构面临巨大的成果压力，也无法领导研发工作。国防高级研究计划局的研究通常是为了满足国家安全需求，这些安全需求一般不会像先进能源研究计划局的研发活动一样受到质疑。先进能源研究计划局投资于高风险能源技术，而私人部门认为这些能源技术很不成熟，不宜“过早”投资。这样，先进能源计划局的研发需求以及围绕哪些是“过早”的投资等问题可能一直是争论的焦点。国防高级研究计划局打着国家安全的旗号而不是以提升经济发展为名开展研究，有助于掩盖政府扮演的重要经济角色。如果我们考虑到这一点，便能体会到其中的奥妙。也许，先进能源研究计划局可以采取的一个解决方案是，打着能源安全的旗号开展研究。

和国防高级研究计划局一样，先进能源研究计划局不设置自己的研究议程，而是邀请来自学界和业界的研究员探究各种高风险的设想，通过合作，共议代表最新发展水平的知识，探讨各种可能的发展领域，进而确定研究议程。项目经费来自政府和企业，说明研发项目吸引了多个股东提供资金［胡里安（Hourihan）和斯特普（Stepp），2011 年］。这样做的目的是，希望开展高风险的突破性研究来“吸引美国最优秀最杰出的人才——经验丰富的科学家和工程师，特别是在校学生和年轻有为的研究员，包括企业界的杰出人才”。先进能源研究计划局网站写道：其组织结构“扁平化、灵活、分散，可以长期支持那些确实有发展前景的项目，同时淘汰那些没有达到预期值的研发项目”。2012 年，先进能源研究计划局将支出 2.7 亿美元用于各类重大能源项目，这个数目比 2010 年的 4 亿美元低了不少，和国防高级研究计划局动辄几十亿美元的拨款相比，更是少之又少［马拉科夫（Malakoff），2012 年］。先进能源研究计划局不仅专注网络拓展，同时还致力于开发“新工具以消除基础能源研究和产业创新之间的差距”，即人们熟知的“将技术推向市场”的项目。先进能源研究计划局副局长（2015 年 3 月）解释道：“世界上最具创新性的技术只有推向市场，才能产生影响，因此先进能源研究计划局经常提出这样的问题，‘如果创新技术有用，那么这个技术能得到市场的认可吗？’”［马丁（Martin），2015 年］

先进能源研究计划局目前的项目清单包括催生具有潜在突破性能源技术的蓝本，这种技术能够实现能源基础设施的“转变”（先进能源研究计划局的“使命宣言”）。科学家可以自由探究能源创新，无须期望所有设想都能行得通或立刻产生商业价值。其实，先进能源研究计划局填补了研究空缺，因为企业出于自身利益考虑，不愿承担风险，面对目前的各种不确定性因素，不愿投资未来的能源技术。

虽然国防高级研究计划局的这种积极投资比“放手不管”更有利于促进经济增长，但问题是如何选择正确的投资方向——由现有产业或学界设定的议程来决定。由于天生喜欢冒险、追求激进技术以及“疯狂”的科学态度，国防高级研究计划局的投资通常会带来风险：对不理想的轨迹（“路径依赖”）而不是激进型新轨迹抱有偏见。为军方进行研究和产品开发也不同于为能源市场开展研究和产品开发。在能源市场中占主导地位的是一些全球规模最大、实力最强的企业，通常这些企业的创新动力不足，主要原因是尽管大宗能源商品（电力和天然气）源自不同的技术成果，但是产品差异化不明显。因此，在多数情况下，价格便成为决定因素。那些开发并控制现有能源技术的企业有着巨大的沉没成本，从而增加了创新带来的风险。最后，能源产业发展倾向于稳定可靠的能源体系，而不是快速采用新技术［查赞（Chazan），2013 年］。

新的能源技术改变了能源生产方式，如果能源生产者不考虑其他因素（如环境影响），那么能源生产的成本通常高于传统技术。军方研究人员拥有一个明确的使命：成本不是关注重点甚至根本无须关注，因为政府对价格不敏感，可以成为创新技术最大的采购商。在能源领域，每个国家的矛盾将继续聚焦于为满足未来能源需求而实施的能源战略，还有相互竞争的经济、社会发展目标，如实现出口潜力最大化发展，将零碳排放放在首位。

美国采取“资助一切”的方法，希望迟早能出现有商业价值的创新能源技术。将气候变化作为投资能源技术的主要理由，这种做法存在的问题是，气候变化并不是我们面临的唯一环境问题。借助非可再生能源技术如核能或碳封存，气候变化问题也可以得到部分解决。创新能源技术真是我们想要的解决方案吗？推动创新过程的资源利用必须勇于确立技术发展方向并坚守这个方向。由市场确定方向只会造成能源升级一拖再拖，除非化石燃料价格的飙升破坏了经济发展。

推动而不是阻碍绿色发展

美国政府投资因特网和纳米技术等创新科技的历程表明，在推进基础研究和应用研究方面，政府的作用至关重要。美国国立卫生研究院的各大实验室从事应用型研究，这些实验室研发的激进药物占到市场份额的 75%。无论是基础研究还是应用研究，政府做的事情正是私人部门不愿做的。政府资助促使研究取得突破。迈克尔·格伦沃尔德说：依据《美国复苏与再投资法》，美国国立卫生研究院获得了 100 亿美元的资助，“推动了癌症研究、阿尔兹海默症、基因组学及其他领域研究取得一些突破，令人振奋”（安德森，2012 年）。因此，认为可以将应用研究交给企业界以刺激创新，这种观点缺乏事实依据，甚至可能导致某些国家错失一些重大科技突破的机会。问题的关键是，如何确定应用研究的方向和由谁来确定。

助推经济发展不利于引发一场真正意义上的绿色革命。那些持有错误思想的国家，认为政府投资和企业界有着某种天然的平衡点。这些国家将会失去抓住历史机遇实现能源升级的好机会，也可能被迫从其他国家进口新能源。事实上，政府行为和企业活动经常重合。和大多数企业一样，清洁技术企业通常也会呼吁政府在具体行业给予补贴并引领研发。之前我发现，风险资本家和企业家响应政府支持，选择一些技术进行投资，但极少会关注长远发展。

推动急需的绿色产业革命面临一个严重问题：由于企业规避风险，政府需要持续资助具有激进想法的各类研究，以推动绿色产业革命向前发展。政府发挥引领作用，积极支持清洁技术从早期阶段发展到商用阶段。达到技术成熟，需要更多的技术支持、组织支持、市场支持，这样才能实现经济的健康发展，投资的风险才能变得更小，投资者才有利可图。实现这个目标的多种方法已被部署在世界各地，但是，当战略、方法和税收都很充足时，政治意愿通常成为关键的稀缺资源。如果最富有的经济体（通常也是一些污染大国），没有足够大的勇气和决心，在经济困难时期降低对关键技术的扶持力度，可能会带来灾难。

那些真正勇于推动绿色发展的国家会制定目标，增加资助经费，利用政府资源大力推动清洁技术的发展，尽力完成看似无法完成的任务。当商业银行犹豫不决时，国家开发银行勇于推动创新开发，促进企业发展，将这些容易追踪的投资收益返还给纳税人。这种做法也同样体现了政府敢于担当的勇气。用于推进技术进步及创造收益的税款可以追踪，这一点非常重要。政府支持取得成功提升了进行下一轮风险投资的可能性，更加有力地体现了政府在推动创新方面的积极作用。

欧洲有些国家的做法已经证明长期支持研发及市场拓展政策的重要价值，相比之下，美国的政策措施却说明，保持一种不确定的状态会错失许多良机（参见第七章中有关风能和太阳能技术的事例）。美国之所以处在当前的被动局面，是因为未能出台将可再生能源作为国家能源的长期发展规划，同时拒绝减少或终止支持其他更加成熟的能源技术，而将确定能源发展方向的任务交给各州政府。维斯塔斯和通用电气这类风力发电企业毫不客气地指出，政策变化（如美国终止对可再生能源的关键补贴，英国“缺少发展远见”）将会改变企业的投资决策，不利于这些国家引入投资。在这些国家，一些清洁能源公司取消了建造新工厂的计划以及发展规划，或者将这些规划转移到其他发展前景更好的国家。在这些举棋不定的国家中，政府引领最终会限制清洁技术的发展。在下一场能源危机到来时，它们才会积极行动起来。

美国（及其他国家）可以从别国的发展事例中得到启示，这些国家建立了国家开发银行，更好地控制了发展进程，推动了企业后期的发展。有些国家开发银行主要资助新能源项目，同时也利用自身的影响力为投资国内供应链发展的制造商提供各种机会。这些贷款获得的收益给纳税人带来了更多的实惠，促进就业增长的信心更加坚定，主要原因是国家开发银行能以公众利益为导向。

“耐心资本”的重要性：公共财政与国家开发银行

发展先进的清洁技术（和其他所有激进技术一样）需要扫清许多障碍。有些障碍与技术开发相关（如改良或发明生产技术），有些障碍源自市场状况或竞争。就开发风能、太阳能这类可再生能源而言，显著障碍是如何能做到被社会广泛接受，以低于其他企业的产品价格供应能源（霍普金斯和拉佐尼克，2012 年）。互相竞争的民用、商用及公共事业新能源市场受到政府支持的影响，而政府支持并不稳定或力度不够。面对这些挑战，支持企业创新发展直到企业能够量产、获得市场份额、形成规模经济并能降低单位成本，这一切涉及的金融风险太大，风险资本家难以接受（霍普金斯和拉佐尼克，2012 年）。风险资本家不愿意参与那些无法完成首次公开募股的技术开发——他们正是从这些“退出”机会中获利的。虽然所有风险资本家的投资决策的背后都有很强的投机性，但是如果没有政府大力推动特定的技术开发，他们也不可能参与投资。其实，如果没有合适的投资模式，那么风险资本家会争取为全面推动激进型创新提供所需“耐心资本”。

在推动创新的过程中，融资需要“耐心”，还要能接受这样一个事实：创新周期长、不确定性高。认识到这一点非常重要（马祖卡托，2010 年）。“耐心资本”可以有多种形式。德国上网电价政策是一种较好的公共“耐心资本”，用于支持可再生能源市场的长期发展。与此相反，美国和英国的税收抵免政策不确定因素多、时有时无，是一种“缺乏耐心的资本”，确实无助于产业腾飞。最值得关注的“耐心资本”是政府资助的或国家开发银行提供给可再生能源技术制造商和开发商的投资。全球风能协会认为：

> 国家开发银行和私营借贷机构的主要区别是，国家开发银行能够承担更多政治、经济和地域风险。而且，国家开发银行无须给私人股东支付红利，比商业银行承担着更多风险（弗里德、舒克拉和索耶，2012 年）。

国家开发银行的作用和范围大于普通的项目融资。其实，即使在“项目融资”这个广义范畴内，国家开发银行（或国家投资银行）也发挥着多重职能，即提供反周期贷款，资助长期资本开发项目，资助技术开发及初创企业（风险资本的职能），以及资助有助于应对社会的各种挑战的项目（应对挑战的职能）（马祖卡托和佩纳，2014 年）。另外，国家开发银行还可以设定获得其资助的条件，以期为本国带来最大的经济价值或社会价值。大多数国家开发银行有意在具有很高社会价值的领域投资，它们愿意提供有风险的贷款，而商业银行不愿意发放这类贷款。虽然国家开发银行支持消费可再生能源，它同时也支持可再生能源的生产。这些银行贷款政策灵活，能为可再生能源项目提供大量资金，承担的风险和推动新技术发展的投资风险一样大。①

通过美国的情况，我们发现，风险资本家通常资助企业实现商业化生产，但是，如果市场的不确定性推迟或阻碍了预期的首次公开募股，他们则不愿意提供资金支持。同理，商业银行可能会认为投资小型清洁技术企业或可再生能源项目风险太高，它们不会填补这个投资空缺。其实，这是因为商业投资者和机构投资者并不看重技术，它们看重的是一个阶段的可控风险投资组合产生的收益（或无收益）。因此，国家开发银行资助战略型企业成长，可以创造很多机会。这些战略型企业包括绿色产业企业和市场上的供应商。

因此，公共财政（如由国家开发银行出资）比风险资本和商业银行更能促进创新，因为公共财政专注且足够“耐心”，能够给企业预留一些时间去应对创新过程中遇到的不确定性因素。国家开发银行，特别是中国和巴西这样的新兴经济体中的国家开发银行，不仅在“反周期”贷款和经济衰退时能够发挥关键作用，而且在支持不确定性高、资本密集的清洁技术创新方面也功不可没。政府投资银行产生的收益形成良性循环，使纳税人的钱直接产生收益，同时带来了其他间接收益（如公共产品）。

本书前几章说明，在经济和技术发展的过程中，企业和政府要相互合作。如果政府没有承担关键阶段的风险、不确定性以及激进技术发展

① 2007—2010 年，世界各国的国家开发银行拨付了约 400 亿美元用于支持众多能源项目。最近几年，风能、太阳能及生物能技术是国家开发银行的资助大户。全球风能协会指出，2010 年风能项目占国家开发银行资助总额的一半以上。

产生的成本，企业不太可能自主推进研发。[①] 开发可再生现代能源带来的财政和技术风险太大，风险资本无法承担，因为这些技术风险的程度及持续时间超出了传统的概念范围。即使没有超出这个概念范围，实现获利的生产规模也很难达到。一个核心问题是，风险资本寻求的收益对资本密集型技术并不现实。无论是生产方面还是分配方面（需求），这些技术都非常“不确定”。信息与通信技术革命中可能出现的投机性收益并非常态，无法在其他高科技产业中复制。

从历史的角度来看，不同类型的政府政策发挥了重要作用，催生出许多绿色科技。为了进一步说明这个观点，第七章将论述两大可再生能源技术的发展历程：风轮机和太阳能光伏面板。

① 这就是为什么美国能源创新委员会 2010 年呼吁政府将清洁技术支出增加两倍，达到每年 160 亿美元。这样可以缓解“空柜子”（bare cupboard）的尴尬，全球范围内一些经济实力雄厚的企业能够从这个“柜子”中选择将什么技术推向市场。美国能源创新委员会的“空柜子”说法站不住脚，因为已有许多并不需要投入数百亿美元的清洁技术成为当今的能源解决方案的一部分。但是其中的启示很明确：如果政府带头，企业投资便会紧随其后（拉佐尼克，2011 年、2012 年）。

第七章

风力和太阳能发电：政府成功案例与技术危机

我们像任何一家国际公司一样与政府打交道，与中国政府、德国政府、美国政府等打交道。当然，我们得到了政府的支持，以研发补助和政府补贴的形式来发展企业。我认为绝大多数美国太阳能公司都获得了美国政府的拨款，而德国公司则获得了德国政府的补贴。因为这是一个非常年轻的行业，所以需要政府的支持。但这个行业正处于独立于政府补贴的边缘。我们认为，到 2015 年，50% 的国家将达到电网平价（grid parity），这意味着政府将不再给予补贴。

——尚德电力首席执行官　施正荣（2012 年）

第六章着眼于不同的国家如何投资于“绿色产业革命”的研发、制造和传播。将革命的种子传播到如此重大的经济和社会转型中并不是没有挑战。在本章中，我试图深入研究政策与经济发展的相互作用，就如何提供有效的创新政策以及国家如何在促进新技术方面发挥重要作用提供历史案例——不仅仅是研究新税收抵免政策，还包括参与风力和太阳能发电业务的各个方面的研究。我们将看到，国家正在技术发明、发展和成功制造方面发挥着重要作用。回顾20世纪70年代的能源危机，我将阐述风力发电技术的近期历史。我还将回顾几个先进的太阳能公司的简史。这两个方面的内容都表明，许多风能和太阳能企业及其核心技术的背后，都可见国家“看得见的手”。如前几章所示，这种“看得见的手”也为互联网、生物技术、纳米技术等激进技术的出现做出了贡献。特定的国家机构提供了原始动力和早期高风险资金，创造了可以建立这些重要技术的制度环境，如美国的做法引发了国家投资的许多益处，并被德国、丹麦和中国等国家纷纷效仿。

如果没有世界各国政府承诺研发、推广风力发电和太阳能光伏面板等技术，过去十年的能源转型与起飞将不会发生。推动能源转型需要重大的监管转移、财务承诺和对新兴企业的长期支持。人们并不总能清楚地知道主导企业及其技术与世界各国政府的努力之间的关系，但是很明显，如果没有政府发挥的作用，那么任何先进的清洁技术公司都不能从纯粹的“市场基因”（market genesis）中脱颖而出。这是本章第二部分探讨的一个现实问题。

然而如果没有能源危机的话，清洁技术革命可能仍处在十字路口。根据历史经验，在结尾部分，我将利用第二章中讨论的误区来揭示一些与常识观念相反的“清洁技术误区”——仅靠研发是不够的，风险投资不是那么具有风险，小不一定是美丽的。如果在这个十字路口坚持绿色发展的方向，那么政府政策必须克服这些误区和扭曲的意识形态所导致的天真想法。

风能和太阳能发电：深受危机影响的增长

国家接受清洁技术发展风险的明显意愿已经产生了积极的影响。在过去的几十年中，风力发电机和太阳能光伏面板已经成为地球上最快速部署的两种可再生能源技术，并促进了许多新兴行业的发展。2008 年，为了提供急需的刺激措施来应对全球经济危机，194 亿美元被用于新兴的清洁技术（英国国家储蓄银行，2012 年）。在经济危机中，各国政府达成了非正式的全球协议，而且这个协议开启了清洁技术新时代。绿色能源革命正蓄势待发。

然而，人们很容易夸大清洁技术部门取得的工作进展。2010 年风力发电市场规模有所缩减，在很大程度上归咎于爆发于美国（仅次于中国的第二大风力发电市场）的金融危机。2009—2010 年，太阳能市场规模几乎翻了一番，在历史上第一次超越了风力发电市场。图 17 显示，这些市场的增长速度是很快的。全球风力和太阳能发电业在 2011 年达到了 1 640 亿美元的市场规模，而 2000 年仅为 70 亿美元。

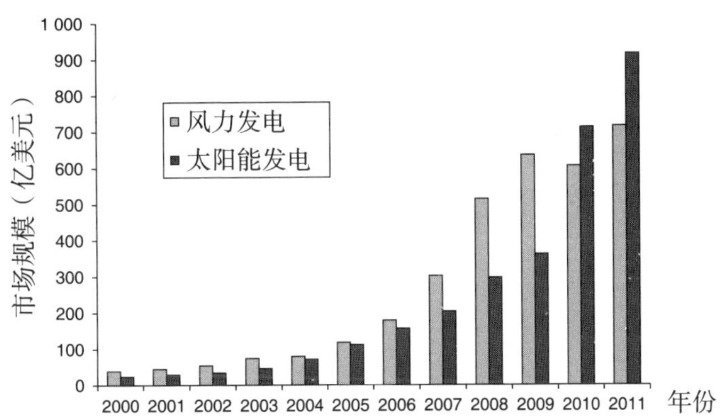

图 17　全球太阳能和风力发电市场规模（2000—2011 年）

资料来源：珀尼克（Pernick）等（2012 年）。

太阳能光伏面板和风力发电机的大规模部署是满足未来能源需求和减轻气候变化的两种技术解决方案。像苹果公司的 iPod、iPhone、iPad 背后的技术一样（见第五章），清洁技术创新的“生态系统”是由公共部门发挥主导作用的。风力发电技术和太阳能发电技术一直是政府巨额投资推动和产生的成果。

美国和中国在全球范围内拥有最大的风力发电量，丹麦在几十年前就诞生了领先的风力发电机制造商维斯塔斯。在美国，领先的制造商也在 20 世纪 80 年代开始出现，但是它们均由于被收购或破产而惨遭淘汰。[①] 德国的太阳能资源不如美国太阳能资源丰富，但仍然是部署太阳能光伏发电设备的世界领先者。中国已经成为世界主要的太阳能光伏制造业地区，在过去几十年中成功地领先于美国、日本和欧洲的竞争对手。

必须解释的是，为什么美国能够成为一个领先的市场，但没有领先的制造商，相反像中国这样的一直处于市场空白的国家，却能诞生领先的制造商。这些国家的发展与其作为风力发电机或太阳能光伏面板生产商的“比较优势”无关，也与风能和太阳能资源的丰富程度无关。历史上，风能和太阳能的发展反映出政府政策对促进这些电力来源的政策的差异。对于一些国家来说，这是一个需要几十年来开展的过程。对于其他国家来说，这是一个“追赶”的过程，但无论如何，政府都已经支持并试图推动这些技术。风电技术国际开发的历史及领先的风电和太阳能公司，提供了这些行业在多大程度上直接或间接地受益于不同类型公共

① 美国企业下滑的几个原因：20 世纪 90 年代，化石燃料价格下降并没有帮助可再生能源公司生存下去；在 20 世纪 80 年代以有利的价格条款谈判的电力采购合同已经生效，使许多开发商的电力销售额大幅减少；在肯尼特克（Kenetech）案例中，其最新的发电机模型造成的保修损失是巨大的，其他公司容易受到能源生产市场自由化产生的此类不确定性影响。

资助的例子。

从第一次“风潮”到中国风电行业的崛起

第一次“风潮”（1980—1985 年）以 20 世纪 70 年代的能源危机为背景。一些国家积极投资于大型电站级风力发电机，以作为减轻电力行业化石依赖的解决方案。20 世纪 70 年代，丹麦、德国和美国开始大规模开发风能研发项目。它们的目标通常是建造功率为 1 兆瓦或更大的机器，实现涉及航空航天技术或农业机械的现有大公司商业化的开发和设计［索佩（Soppe），2009 年；海曼（Heymann），1998 年；尼尔森（Nielsen），2010 年］。尽管国家航空和航天局领导该计划，而且美国比德国和丹麦在风能研发方面的资金投入更大，但美国未能产生可行的商业应用。德国的尝试遇到了类似的情况。只有丹麦成功地将政府资助的研发成功地转化为商业应用，使其在风力发电行业的关键时期获得了先发优势。

海曼（1999 年）认为，丹麦工业的成功与国家支持研发合作的技术推动相一致，随着时间的推移，丹麦科研人员最终能打造出可靠的设计方案。坎普（Kamp，2002 年）和尼尔森（2010 年）认为，丹麦决定对基于之前的一款风力发电机设计方案进行开发，这款被称为盖瑟（Gedser）的三叶片横轴风力电机由约翰尼斯·尤尔（Johannes Juul）设计，功能强大、性能可靠。对盖瑟的前期测试由国有丹麦电力公司和丹麦公共事业公司联合资助（海曼，1998 年；坎普，2002 年）。后来，丹麦和美国政府投入数千万美元测试盖瑟的设计方案，力图开发出用于现代电网的风力发电机（坎普，2002 年）。尽管已有盖瑟这样的设计，美国和德国却试图设计出更轻便、空气动力性能更高的发电机。然而，第二次世界大战期间在德国和美国出现过的一些风力发电机设计方案是很不靠谱的。

丹麦推进风力发电受益于国家赞助的原型开发，使大型制造商能够参与技术开发并创建功能性供应链。博努斯（Bonus）和维斯塔斯这样的公司购买了丹麦研究计划和小型风力发电机先驱者所产生的专利，从而控制知识产权加以研发。然后，它们运用成熟的农用风力设备和雄厚的资本，大规模生产功能强大的机器，最终寻求垂直整合（坎普，2002年；海曼，1998年）。丹麦的研发活动与十多年来逐步取消的投资税收抵免政策重叠。税收抵免政策有助于启动丹麦国内的风能市场，而加州和美国政府的激励措施为丹麦生产商创造了出口机会。

美国和德国的“大政府”研发大部分以失败告终，因为可靠的风力发电机设计能实现成功的商业化，但并不是立即实现的。显然，如果政府愿意承担企业不愿承担的重大风险，那么结果将是喜忧参半（有成功也有失败）。但如果政府不这样做，那么根本就不会成功。然而，这种失败导致里根政府再次强调无法“选择赢家”，保守的经济学家和政策制定者经常使用这种意识形态来限制或拒绝政府干预清洁技术行业。①

不同于美国大幅削减风电项目的资金，德国政府公开资助了尽管会遭遇失败的研发措施，它通过公开的产业和学术研发基金扩大了研发范围，同时组建了一个由德国设计部门控制测试的示范项目（索佩，2009

① 这种观点忽视了三种事实：（1）许多拥有高技术能力的大型私营公司都有过失败的先例。这些公司包括洛克希德·马丁公司（Lockheed Martin）、通用电气公司、曼集团（MAN）、西屋电气公司等巨头，它们都曾经是美国或德国项目的承包商。（2）缺乏耐心的融资，如太阳能风险投资等，既能加速技术开发的进程也能增加失败的概率。事实上，风力发电机技术尚不成熟，所以发电机的设计速度比当时设想的速度慢得多。然而，政府和商界低估了所面临的挑战，虽然批评者倾向于将失败归咎于政府，而不是融资。（3）除非我们能够得知投资的溢出效应（即使没有最终产品），否则很难判断失败与否。因此，这些国际项目相继建立了公用事业、政府研发、商业社区和大学之间的学习网络。

年）。2009 年 12 月索佩在回顾这段历史时说道，德国还通过资助不同规模的发电机的开发，从而推动了几个不同的发展路径（而不像美国那样一开始便把资金偏置于大型机器）。丹麦的计划更经济、更成功，这部分归功于维斯塔斯等大型农产品设备制造商的进入。相对于航空航天重视轻量化和最高效率，维斯塔斯更能理解什么才是好的设计。

无论我们的判断是否正确，这些政府的行为都意味着风能的再次需求，而美国正在努力维持风力发电的主导地位，并成功地建立了主导市场——不仅仅是推动产业的发展，还能让私人企业自信地进入市场。“狮子型”（lion-esque）政府再一次为私人企业提供了一条发展的途径。

具有讽刺意味的是，美国政府和加利福尼亚州提供的发展风能的税收减免政策不仅仅吸引了美国本土公司，它们还吸引了丹麦的维斯塔斯——成为加州风能开发商 Zond（让得）公司首选的发电机供应商。Zond 作为风力发电机进口商，从维斯塔斯订购了 1 000 多台发电机，为维斯塔斯公司风电业务的早期发展提供了资金。然而，在 1985 年年底，当税收减免政策在加利福尼亚州结束时，Zond 拒绝支付最后一批风力发电机（已被延迟运输）的费用，这使维斯塔斯接近破产。为维持生计，维斯塔斯放弃了农机业务，并迅速成为风力发电机的独家生产商，成为世界领先企业。当时如果没有美国和加利福尼亚州的政府支持，以及丹麦政府允许维斯塔斯的重组，那么维斯塔斯也许不会成为世界领先的制造商。

在美国涌现的少数几家引领风能市场资本化的公司中，美国风电（US Windpower，后来更名为肯尼特克）成为通用电气风力发电部门（世界上最大的发电机组之一）的早期领导者和技术先驱。肯尼特克的战略选择受到政府在风能投资方面的影响。肯尼特克最初成立于马萨诸塞州，为了享受充足的政策支持，它随后搬到了加州。它已经从马萨诸塞大学阿默斯特（Amherst）分校获得了部分业务计划、风力技术知识和工作原型技术。马萨诸塞大学阿默斯特分校是一所公立学校，其主动风力发电项目部分由美国能源部资助。肯尼特克是第一批利用计算机控制和调节其发电机的风力发电公司之一，这优化了设计的性能和可靠性，否则其设计效果便不如丹麦的同行那样强大。[①] 肯尼特克仍然是美国少数几家风力发电机制造商之一，并已经从萌芽阶段发展到首次公开募股阶段，但是在 1996 年，由于一个先进的变速风力发电机的保修损失而导致破产。鲁格（Ruegg）和托马斯（Thomas）于 2009 年的研究表明，通用电气拥有数量最多的专利，与美国能源部资助的研发项目紧密相关，而肯尼特克是为数不多的专利数超过 5 个的公司之一。鲁格和托马斯在美国能源部的研究与领先的风力发电公司之间建立了广泛联系，表明美国能源部的研究对全球两个发电机制造商——通用电气公司和维斯塔斯公司开发的技术产生了重大的影响。

与维斯塔斯不同的是，肯尼特克不享受美国政府或投资者的支持，当公司倒闭时，约有 1 000 人失业。Zond 公司在美国能源部的协助下购买了肯尼特克的变速风力发电机技术，开发了风力发电机。后来 Zond 公司（部分）被安然公司（Enron）于 1997 年收购，安然公司由于财务丑闻而倒闭；随后，通用电气购买了 Zond 公司的技术，迅速成为世界上最大的风力发电机供应商之一。从这一点来看，政府对联邦和州级风力发电市场的补贴，以及大型企业的资源、稳定性和技术的强大组合，使得通用电气拥有美国最大风力发电机组（霍普金斯，2012 年）。迄今为止，尽管受到中国企业在全球范围内的竞争，但通用电气在美国风力

① 另外如第五章所讨论的那样，如果没有政府投资，肯尼特克运行的第一个项目 Apple III 计算机也是不可能完成的。

发电市场仍占主导地位，而由国家和企业支持的技术开发（如肯尼特克和 Zond 公司）创造了一个重要而又容易被遗忘的瞬间。美国风电行业发展史讲述了由于国家对业务的支持，创新和积极的经济增长是如何发生的。

多年来，美国能源部通过国家实验室和大学推进了风电基础科学的发展，降低了风电成本。因为风力发电机的运行环境与飞机及直升机不同，所以空气动力学的知识变得特别重要。先进的计算机建模提高了发电机设计的可靠性和效率，并且频繁的行业协作能够打造更好的模型和容量因素（衡量效率的指标）。先进的风力资源地图还为风电开发商提供了有助于项目设计的精准选址信息。在花费 12 亿美元后，风能发电成本从 20 世纪 70 年代的 30~50 美分 / 千瓦时下降到 2000 年的 3 美分 / 千瓦时（在国家资助的翼形设计和其他发电机部件研发的带动下），发电机的效率增加了 3 倍，其运行可用性达到近 100%，预计寿命达到 30 年。

政府支持的重要性显著地体现在撤资方面。在 20 世纪 80 年代中期，美国政府中断了对风电发展的补贴，并削减了美国能源部的研发预算，抵制能源创新。美国国内的风电市场停滞不前，行业势头转移到欧洲（更准确地说，转移动了德国）。德国联邦研究和技术部于 1989 年推出了一项开发 100 兆瓦风力发电的计划。该计划结合上网电价计划，为风电行业提供了低于市场的价格，并向小型电力公司提供了 70% 的税收抵免优惠，使得德国成为世界上风力发电最热门的市场［劳伯（Lauber）、沃尔克马（Volkmar）和梅茨（Mez），2006 年］。结合温室气体减排目标，以及与国内制造业达成可再生能源发展目标，德国还划拨约 22 亿美元的国家资金，以支持持续的风能研发。德国长期的风能发展方式在 20 世纪 90 年代展示了强劲的势头，而且通过“能源跃迁”（Energy Transition）计划（涉及不可再生能源和可再生能源），如今继续保持增长势头。德国政府设定的 20 年的投资期限是美国的两倍，减少了市场的不确定性，提高了投资者的信心。

中国是风电技术的一个相对落后者。尽管在 20 世纪 80 年代推动了可再生能源的投资，中国的风电技术仅作为解决薄弱的农村电力基础设施的技术方案［米娅（Mia）等，2010 年］。混合所有制企业金风科技是一家主要的风力发电机制造商，它成立于 1998 年，最初由嘉科工程公司（后来被瑞能公司收购）和韦塞斯能源有限公司（Vensys Energiesysteme GmbH）［刘易斯（Lewis），2007 年］授权使用德国技术。金风科技的发电机受益于 2003 年颁布的中国国内规范，该规范要求在中国销售的所有风力发电机至少包含 70% 的国产组件（马蒂诺，2010 年）。这样做有效地屏蔽了大多数的国外企业，而中国主要的风电厂商则加强了国内供应链。

中国风电开发商还通过“特许权”计划（竞争性招标）获得了 25 年的固定价格合同。风力发电项目获得了低成本的融资。2005 年之后，中国开始以拨款或优惠贷款政策公开资助风电研发项目。中国政府优先考虑降低能源总量（能源消费与 GDP 之间的关系），并确定可再生能源发展的目标。目前，中国正致力于在 2050 年以前将风力发电能力提升至 1 000 吉瓦。中国的政策效果很明显，2010 年中国风能市场规模超过了美国（这主要受中国国内风力发电机组产量的影响），中国制造商也在全球范围内侵蚀了其他公司的市场份额。

太阳能发电公司及其技术来源

许多类似的政策推动了 19 世纪 80 年代加州的风电市场的发展，为全球太阳能光伏面板市场提供了催化剂。贝尔实验室在 1954 年发明了第一个晶体硅（C-Si）太阳能光伏电池——仍然是美国电话电报公司（AT&T）垄断市场的重要产品之一。太阳能光伏技术的第一个机会是由美国国防部和美国航空航天局提供的，它们购买了美国霍夫曼电子公司（Hoffman Electronics）制造的太空电池为太空卫星提供动力。①太空竞赛使得政府不惜一切代价成为早期太阳能生产企业的客户，另外，远程电力应用市场的成本和性能优势导致太阳能光伏技术应用于多个领域，如海上石油钻井平台上的信号照明、用于石油钻探的防腐蚀保护、远程通信塔和路标［沛霖（Perlin），1999 年］。然而，在大多数情况下，这些应用是政府监管的结果。石油钻井平台的太阳能光伏（或太阳能电池）的应用部分原因是美国环保署于 1978 年规定将废旧电池等倾倒在海洋中是非法的（沛霖，1999 年）。

政府的激励措施有助于在全球建立领先的太阳能光伏企业和市场。创新型企业的许多例子可以在美国找到，其中第一太阳能公司、索林德拉公司、太阳能源公司（Sunpower）以及长荣太阳能公司（Evergreen）等都开发出最先进的晶体硅和薄膜太阳能技术。

第一太阳能公司除了商业化碲化镉（CdTe）薄膜太阳能电池板之外，还将自己打造为美国主要的碲化镉薄膜生产商。第一太阳能公司引领美国薄膜太阳能电池板市场，并创纪录地完成了低成本的制造业务，使得该公司自 2009 年以来每年可以获得超过 20 亿美元的收入。第一太阳能公司拥有众多的专利以及与美国能源部有着紧密的联系（鲁格和托马斯，2011 年）。第一太阳能公司领先的碲化镉技术是由创始人哈罗德·麦克马斯特（Harold MacMaster）与托利多大学（University of

① 霍夫曼公司于 1956 年通过收购国家制造产品（National Fabricated Products），并获得了贝尔实验室的原始专利。

Toledo）以及由国家资助的太阳能研究设施、科学家以及国家可再生能源实验室（NREL）共同开发的。第一太阳能公司与国家可再生能源实验室的合作可追溯到 1991 年，当时该公司因太阳能电池而知名。它们的合作促进了高速气相沉积技术的发展，该技术是第一太阳能公司于 2003 年开始生产的玻璃碲化镉薄膜面板的关键技术。随着创新程序的不断完善，碲化镉面板的成本大幅下降。直到现在，第一太阳能公司仍然是全球太阳能光伏制造商之一。

在上一章中详细描述的索林德拉公司，是由具有半导体行业经验的硅谷科学家克里斯·格内特（Chris Gronet）创立的。基于对铜铟镓硒太阳能光伏薄膜进行的国家研究，格内特及其员工开发了具有联邦政府和州政府支持的创新技术。能够将硒化物存放在管状玻璃上，使索林德拉公司的太阳能光伏组件具有独特的外观，同时还可以捕获直接和反射的光，而无须额外的跟踪系统。此外，格内特研发的面板有一个精巧的互锁系统，易于安装，相对于其他技术来说，这也降低了成本。

太阳能源公司是保持设置技术世界纪录的高性能晶体硅太阳能光伏面板制造商。在过去，太阳能源公司也接受过国家的资助。它的成功与美国能源部研究专利相关，即与太阳能光伏面板、模块框架和瓦板系统相关（鲁格和托马斯，2011 年）。太阳能源公司于 1985 年由理查德·斯旺森（Richard Swanson）博士成立，他在斯坦福大学开发技术时，从美国能源部和电力研究所（EPRI）获得了研发支持。

长荣太阳能是现在已经停产的美孚太阳能公司的一个分支，一群科学家从公司中脱颖而出，开发了一个串联晶圆技术（String-ribbon wafer technology）。公司的发展离不开政府的资助，它成功地吸引了 6 000 万美元的马萨诸塞州政府补贴，这是政府向单一公司提供的最高补贴。在为马萨诸塞州创造就业机会时，长荣太阳能很轻易地被引入中国。在获得融资后，长荣太阳能同意与中方合作伙伴嘉伟太阳能（Jiawei Solar）分享创新技术［萨托（Sato），2011 年］。尽管长荣太阳能有过累计亏损近 50 亿美元的历史，但它在 2000 年完成了一项价值 4 200 万美元的募股，并把 3 600 万美元的薪酬和股票销售额分配给了公司高管。换句话说，公共支持有助于提升风险投资公司和高层管理人员的收益，但未能为美国创造政府期望的经济利益，同时也可能将创新技术转移到中国。马萨诸塞州试图起诉长荣太阳能，以收回政府的部分投资［黑利（Haley）、乌沙（Usha）、舒勒（Schuler），2011 年］。这表明政策制定者并不总是被认为是纳税人税金的最佳管理者，他们也并不总是想着用纳税人的钱来承保纳税人。

中国无锡尚德在 2011 年成为晶体硅太阳能光伏制造业的全球市场领先者。[①] 尚德已从美国破产的公司进口光伏制造设备中受益，并收购了日本的 MSK（名阪真空株式会社）公司。中国政府和当地银行有着充裕而积极的公共财政资金，助力尚德在欧洲太阳能光伏市场蓬勃发展。尚德创始人施正荣在澳大利亚新南威尔士大学（University of New South Wales）获得博士学位，并在该校建立了许多重要联系。该校拥有世界领先的太阳能研究人员，如马丁·格林（Matin Green）教授。施正荣将与这些研究人员合作开发技术，并将这些技术纳入公司产品。施正荣在澳大利亚研究太阳能光伏达 13 年之久，曾在太平洋太阳能公司（Pacific Solar）工作，该公司是新南威尔士大学和澳大利亚公用事业公司合资组建的。之后，施正荣返回中国［弗兰纳里（Flannery），2006 年］并作为技术人才被无锡市引进。2000 年当地政府向施正荣提供了 600 万美元以

① 无锡尚德的资料源于霍普金斯和尹丽的《中国太阳能光伏产业的兴起及其对竞争与创新的影响》（*The Rise of the Chinese Solar Photovoltaic Industry and Its Impact on Competition and Innovation*）。

建立太阳能光伏制造基地。尚德的冥王星晶体硅技术是新南威尔士大学开发的 PERL（钝化发射极背部局域扩散）晶体硅技术的衍生品。该公司迅速地将这项外国技术纳入其商业产品之中，这样，它的产品正在迅速地接近美国太阳能源公司等竞争对手的产品性能。

像大多数中国太阳能光伏制造商一样，尚德的发展取决于出口市场的大幅增长。它在欧洲太阳能光伏市场中占有相当大的份额，这是由强力上网电价和其他政府政策支持的（这些政策鼓励和推动了中国国内太阳能光伏事业的发展）。此外，尚德从中国的政策支持中受益匪浅：获得了 15% 的税率优惠、数百万美元的财政担保和中国开发银行为其提供的 70 亿美元的信贷额度（紧随数百万元的地方政府财政支持）。中国政府还于 2010 年向中国太阳能公司提供了 470 亿美元的低息贷款［彭特兰（Pentland），2011 年］。

这些大量的公共财政和其他公共投资对中国太阳能光伏制造商的作用重大，让它们获得了公司发展所需的资源。政府帮助它们在风云变幻的全球市场建立了更强大的国内太阳能光伏发电市场。由于快速的政策反应，以及中国在全球太阳能光伏市场的快速崛起，中国已经成为太阳能热水采暖领域的领先者，并呈现出国内市场迅速崛起的早期迹象［乔杜里（Choudhury），2012 年］。

太阳能公司的破产：有志者事竟成

在撰写本文时，无锡尚德（无锡尚德电力控股的全资子公司）宣布破产。无锡尚德于 2013 年 3 月拖欠债权人 5.41 亿美元的贷款，几天之后，债权人起诉并对年轻的中国太阳能行业提出了严重的质疑。2006 年被福布斯誉为“太阳王”且拥有 15 项太阳能技术专利的公司却破产了。

施正荣作为世界上第一个太阳能亿万富翁，是世界上最富有的人之一。由于施正荣受到管理不善的指责，加上他被劝离公司的执行机构和董事会，公司的情况一度迅速恶化（弗兰纳里，2006 年）。无锡尚德将由无锡国联接管，无锡国联将无锡尚德的资产部分转移给尚德电力，这样外国投资者便可通过尚德电力进行交易，让它们在组织结构上服从于已经向该公司输送“耐心资本”的公共银行［布拉德肖（Bradshaw），2013 年］。无锡尚德公司的破产意味着拥有 70% 的公司股份的施正荣以及其他大股东很可能会失去约 12.8 亿美元的股票和债券。另外，公司保护数以千计的工人、公共银行和国家利益的国有化企图也将泡汤。公共银行占据了该公司的约 22 亿美元的债务。

无锡尚德破产的结果与美国索林德拉公司的结果形成鲜明对比。美国索林德拉公司经历了紧急重组，并在破产之前从其私人投资者那里获得了最后 7 500 万美元的注资（政府坚持资金来自私人支持者）。美国能源部的贷款计划执行董事乔纳森·西尔弗（前风险投资家）为“纳税人的安全”而工作，而首席执行官布赖恩·哈里森（Brian Harrison）则致力于消减臃肿的研发部门，并利用美国能源部的资金削减成本建成先进的自动化新工厂，因此销售和成本最初都朝着正确的方向发展［格伦沃尔德，2012 年］。如上文指出的那样，如果不对注入的资金设定限制，那么私人投资者将首先收回应由公司承担的损失。然而各参与方也都知道，如果公司有完成的工厂，那么该公司在破产时将更有价值（格伦沃尔德，2012 年）。因为没有来自美国政府的额外资金，所以企图拯救索林德拉公司在政治（和经济）上是行不通的，即使它被描述成一个英勇的“第四节比赛”。

将无锡尚德与索林德拉的破产做一番比较，会是一件有趣的事。索林德拉公司总体上是由私人出资的，而无锡尚德则是由公共部门出资的。两家公司都失败了，但它们的初衷是“相同的”，都想创造就业机会和巨额利润，并与其他国家争夺财富——我们衡量成功的主要标准。然而，竞争是在全球范围内发生的，也就是说，全球性行业获得的政策支持如同公司一样在世界各地发挥作用。然而，从某种意义来说，索林德拉公司的产品和无锡尚德的产品都在争取德国客户，它们都犯了同样的错误。它们的扩张太过迅速，并没有自己的国内能源网市场——每个国家拥有 1 000 吉瓦的庞大的国内市场，能为企业提供近乎无限的机会。而具有讽刺意味的是，这些公司因吸收客户乏力而破产。如果这样的基础设施一旦就位，那么还会有人认为通用汽车、福特和克莱斯勒会由于缺乏策略而破产吗？

然而，索林德拉公司已从世界上消失了，而尚德仍然存在。不过，尚德的命运不会由投资者决定，这些投资者更愿意在考量所有其他因素的基础上投资其他领域。索林德拉公司的失败反映了美国为自己创造的“寄生性”创新体系，在那里，金融利益被放在第一位，而且到处都是法官、陪审团和给创新投资带来困境的刽子手。如果美国政府换一种做法，并注意到经济发展的价值远大于短期的财务业绩，那么索林德拉公司将会成长为如通用电气那样拥有上千万的员工、数十亿收入的大企业。另外，尚德的命运将由国家决定，国家对尚德进行了较大规模的投资，并以更广泛的视角审视尚德在中国经济及其未来的地位。尚德在经济衰退期间被国家保留，其 20 000 个工作岗位已经成为江苏省经济社会稳定发展的关键。如果公司被清算、关闭或遗弃，那么可能会面临痛苦的结构性调整（想象一下，像谷歌这样有 54 000 名员工的公司，或者有 4 600 名员工的脸书突然关闭，会是怎样的情形）。索林德拉公司因为过于“小而不能生存”（对比尚德的大却不能倒），从而没有获得“援助”。政府一直拥有“重写规则”的能力，并可能权衡索林德拉公司破产的成本。就像尚德一样，政府甚至可能会考虑解雇对经营失败负责的高管。计算这种成本的一个方法是调查 1 000 个职位对政府未来的财政收入的影响，或者当公司成为像脸书、谷歌或通用电气这样的公司时，这些收入意味着怎样的社会价值。

我们将继续花时间去思考什么是成功，直到我们认识到创新应属于全人类，而不属于个人或某个组织（尽管这些至关重要）。清洁技术已经在提醒我们，改变世界的能源格局需要协作和在多个国家的投资，否则研发和支持市场创新就会走入死胡同，而地球就会在我们一个世纪前建造起来的工业基础上窒息。

无论是清洁技术还是其他技术，未来的最大挑战之一都将是确保在建立协同生态系统的同时，不仅可以将风险社会化，还可以获得收益。只有这样，创新周期才能在经济和政治方面随着时间的推移而持续下去。在政治上，纳税人必须了解如何从大量的国家投资中获益，为今后的私人利润奠定基础。随着工作越来越全球化，我们不要用民族主义教条来抵制协同，而应该利用从国家投资中获得的利润让资助技术开发的纳税人分享收益。我将在下一章中阐述这个主题。

竞争、创新和市场规模（谁在抱怨）

在前文，我认为，加利福尼亚州政府是维斯塔斯（当前世界领先的风力发电机制造商）成长和（早期）成功的部分因素。同样，美国和中国企业的发展在一定程度上取决于德国的资源承诺与政策引领。分散式的太阳能发电模式使德国成为太阳能光伏发电的世界领先者。2000 年，通过修改上网电价政策，为太阳能光伏产业提供更好的定价，并根据其预期的性能为其他可再生能源设定独特的定价，德国政府让太阳能光伏发电与传统发电、风力发电进行竞争。同时，德国还制订了“十万屋顶”计划，鼓励居民投资和商业投资。该行动掀起了太阳能光伏产业的高速增长，德国将其太阳能光伏产能从2000年的62兆瓦增长到了2011年的24 000兆瓦。这类似于在10年左右建成了24座核电站（受到公众的反对），这是一个非凡的壮举。如今，德国正在实施非常大胆的能源转型计划。

类似于上述的加利福尼亚现象，德国的前瞻性思想政策是一把双刃剑。德国不断发展的市场使国内主要制造商［如Q-Cells（曾经是德国最大的太阳能电池制造商之一）］实现快速增长，但也为美国、中国和其他地区的竞争企业（依靠德国消化了它们扩大的产能）提供了发展的机会。然而，这些国家和其他国家都没有效仿德国建立同样强大的国内太阳能光伏市场。在西班牙等地，太阳能光伏发电政策的“摇摆不定”在一定程度上造成了产能过剩，目前正在使全世界的太阳能公司陷入瘫痪。曾经是德国冠军的Q-Cells现在是韩国韩华集团的资产（路透社，2011年），并且在2012年其薄膜光伏子公司被一家中国公司收购了。

同时，中国作为主要的太阳能光伏制造商聚集区，对整个行业造成了严重的影响，使得美国和欧洲发生了“贸易战争”——对中国太阳能征收的关税未能达成一致。[①] 当美国和欧洲的公司无法参与竞争时，美国政府做出了反应，呼吁终止对清洁技术开发的支持。贸易战争通过看不见的市场力量引发了更多的市场谜局，这些市场力量无法由政府创造或控制在有利的范围内。随着政府在贸易争端中担任“裁判”，中国政府对清洁技术产业发展的支持被认定为“欺骗”，而不是高效。同时，多个国家正试图通过类似中国的政策来争取全球清洁技术市场，其中包

① 在撰写本文时，欧洲的关税依然未定。

括对企业的直接和间接支持。换句话说，如果中国的行为是欺骗，其他国家也是如此。太阳能光伏价格暴跌应该是一件好事——导致太阳能光伏与化石燃料的竞争。但在这种情况下，价格下跌（以及利润率的下降）会使许多人失望，以及人们会忽视像美国这样的国家的工业政策的缺点——我们可以描述为缺乏足够的有利于创新公司形成和成长的“耐心资本”，以及能源转换的长期愿景（霍普金斯和拉佐尼克，2012 年）。有别于国际同行的是，中国拥有短期和长期致力于可再生能源和创新的勇气。

有人认为，中国风电和太阳能公司的快速发展有可能会扼杀创新。他们指责中国企业为了降低成本，用老技术抢占市场份额，形成技术固化，防止新技术渗透到世界市场。如果事实如此，那么政府需要做更多的工作，以确保关键的能源创新能够在纷繁复杂的技术竞争中脱颖而出。这些指责似乎忽略了晶体硅技术的优势，就像这些企业忽略了它们拥有丰富的制造原料一样。其他方法则依赖于日渐稀缺的稀土资源。此外，这些投诉忽视了像太阳能电池技术供应商 Innovalight（硅墨太阳能电池技术供应商，现被杜邦公司收购）或 1366 技术公司这样的公司所产生的创新可以纳入中国的太阳能面板。[①] 无论如何，在某种程度上，我们需要在实现太阳能发电的大规模扩散之前，实现主导设计的完美融合。

结论：危机中的清洁技术

清洁技术开发或可再生能源市场的形成并没有什么意外。没有“天

① 1366 技术公司在美国先进能源研究计划局（见第六章）的帮助下，开发了低成本的多晶硅制造设备。美国先进能源研究计划局为设备开发提供了 400 万美元的资金。

才”的公司或企业家独立于自己的社会行事，或者只是为了对气候变化的恐惧或对未来利润的预期做出反应。相反，清洁技术公司正在利用技术并兑现现有公共部门的先前投资，并响应政府逐步推行的有关预期变化的明确市场信号，以及获得对清洁技术产业增长的支持，以期达到创新经济财富、提供就业机会和解决气候变化问题的目标。

虽然几十年来各个国家的表现差异很大，但很显然，德国已经看到了长期支持清洁技术发展的价值，中国已经承诺快速扩大清洁能源产业的规模，而美国已经显示出研发的价值，但是错误地允许不确定性、转移政治优先事项和投机性融资来制定清洁技术发展议程。在投资环境恶化时，引领清洁技术的政府不允许自己受到欺骗，它们也不应该期望纳税人会心甘情愿地承担投资这些技术和建立市场的全部风险而没有明确的收益。

清洁能源产业发展面临的挑战是创造、维护和资助一个长期的政策框架，以维持该产业的发展势头。如果没有这样的长期承诺，那么清洁技术很可能成为许多国家错失的机会。这样的框架将包括促进太阳能和风能消费增长的需求侧政策，以及借助“耐心资本”推动技术制造的供给侧政策。

对于美国先进能源研究计划局而言，发展清洁技术的风险远远超出建立公共部门能源创新中心的挑战。各国政府须在多元化和全球能源市场竞争时建立和管理风险，降低能源创新商业化的风险。在过去出现困难的时候，例如在20世纪80年代后期美国对可再生能源的支持减少后，风能和太阳能市场摇摇欲坠。这种趋势通常归因于政府投资的缺陷，而造成这种趋势的企业因素常常被忽视，或被视为竞争市场自然行为的一部分。更糟糕的是，一些人把困难解释为一种技术不能或永远不会与现有技术竞争的证据，甚至建议将这种技术束之高阁。所有能源技术都需要长期的发展和长期的政府支持，这将超越传统的认知范围。更重要的是，这项技术仍在不断发展，就好像地球的未来取决于它——实际情况也的确如此。因此，应对上述挑战需要克服前文第二章所提到的各种误区。

误区 1：这一切都事关研发

大量公共投资以及对包括教育和商业知识网络的各种研究团队，对风能和太阳能等清洁技术的研发已经在全球范围内延续了几十年。尽管随着时间的推移，政府和企业做出了不尽相同的承诺，但这项技术仍在发挥作用，而且成本在不断得到优化，效率也在不断提高。随着时间的推移，这项技术的能源成本也将长期下降，而化石燃料价格继续处在波动之中。

一些公司可能进行了数十年的重要研发，但仍然是亏损的，也没看到明确的商业前景。第一太阳能公司的历史表明，政府将创新推向实验室和进入市场的角色并不会因研发而终结，同时政府可以发挥克服商业化壁垒（如生产能力不足）的作用。同样，第一太阳能公司的风险投资机构需要承受挑战，并拓宽投资视野以践行它们的承诺。

许多人认为，清洁技术面临的挑战很少是技术性的，而是政治性或社会性的，包括需要世界各国政府和企业对资本做出更大的承诺（但这还不够）。培育有风险的新兴行业需要在生产和市场方面有一定的支持、补贴和长期承诺。各国政府也必须面对这样一个现实：就大多数发达国家而言，清洁技术的发展建立在一个完善的基础设施之上。凭空打造的清洁技术是不存在的，这就意味着投资的目的是管理向技术的过渡，这将威胁到化石能源和其他能源产业的国家，而这些产业有更长的发展期和巨大的沉没成本。最后，并不是所有的商业界都对政府在清洁技术方面的积极作用感到胆怯。然而随着时间的推移，人们又开始讨论企业在技术开发方面的作用是否真正超出了研发投入。清洁技术公司的失败也是商业失败，这不仅是政策失灵，而且延迟了对重要新能源技术的开发。更糟糕的是，它可能将这些技术交给具有相似目标的其他国家。

误区 2：小即好

诸如通用电气、埃克森、通用汽车和英国石油等大型企业集团在过去的清洁技术开发中都发挥了重要作用，与此同时，许多小型初创企业也希望能够在能源领域迎来“革命”的新起点。然而，这些小公司往往都很年轻，在进行商业活动之前，需要孵化很长一段时间。

霍普金斯（2012 年）认为，通用电气“继承了”国家和创新型公司作为主要风力发电机制造商的先前投资。通用电气宣布于 2011 年（但已经推迟）在科罗拉多州投资 6 亿美元用于研发薄膜太阳能光伏，并采用类似于第一太阳能公司的碲化镉技术。与从事风电业务一样，从事太阳能光伏业务将与国家以前的投资密切相关。然而，通用电气的自有资源远远超过小型初创企业，它拥有 10 亿美元的研发预算，每年可用于重新投资核心技术的利润达数十亿美元。如广阔的全球网络、风能产业等互补性资产，以及良好的社会关系和声誉，这些都将降低投资者的风险。与 2002 年投资风力发电相似，通用电气投资于太阳能行业可能会导致该行业的生命力更加持久。随着可再生能源规模的扩大，大型企业可以更容易提供巨大的能源网络。最重要的是，像通用电气这样的大公司或许更容易赢得投资者和公众的信心，因为它们拥有丰富的经营历史、财务资源、电力基础设施和广泛的社会网络。随着通用电气进入风能业务，风力发电项目以“狂热的步伐向前迈进”，这并不是巧合。

另外，有些大公司是化石燃料的既得利益者，我们不应该对这些公司抱有不切实际的想法。有些公司投入可再生能源研发，投资开发专利技术，实际上却既从未将这些技术推向市场，也从未将这些技术授权给其他公司使用（佩纳，2014 年）。然而，我们不应该低估小公司的作用，也不应该假设只有大公司才拥有合适的资源。亚马逊、谷歌或苹果，都是从小公司做起的，它们都是自己的商业模式的积极推动者，而人们可能会认为传统产业不可能将同样的技术发展得又快又好。为了展示真正的绿色产业革命，需要打破现有的市场模式，而且那些不必承担沉没成本的初创企业可能正是这项工作的合适参与者。①

误区 3：风险投资即风险

美国拥有世界上清洁技术的大量风投资本，每年向该行业投入数十亿美元，远远超过世界其他地区。风险投资者是“没有耐心的资本家”，他们获得财务回报的目的高于一切。许多人对长期持续的、具有风险性的技术发展并不感兴趣，宁愿不冒这种风险，也要在其他地方寻求高回报。风险投资公司希望将资金投向融资要求低的技术，以进行市场渗透。风险投资公司缺乏资助清洁技术公司发展的资金，这些公司在极其复杂的市场中具有资本密集和竞争的属性。与数千亿美元国家资助的可再生能源项目相比，风险投资公司在清洁技术领域的投入只有数十亿美元。

第一太阳能公司之所以花费了数十年才成功地建立起来，是因为风

① 需要讨论的是：从长远来看，公众对能源创新的支持是否会被可能进行投资的大型公司所取代。补贴应该是防止创新企业破产的重要手段。如果政府研发的重点是促进创新，那么很有必要去考察未来制造商的竞争力将如何得到改善。此外，虽然过去有许多石油公司曾为太阳能光伏创新做出了贡献，但仍不清楚它们是否愿意转向该技术并放弃提供主要经济来源的技术。事实上，随着太阳能光伏市场的竞争越来越激烈，像英国石油公司这样的领先企业已经退出。

险投资公司的进入相对较晚，并在首次公开募股完成后不久就退出了。投资于第一太阳能公司的风险在很大程度上由美国政府承担，美国政府再将太阳能技术推广到商业化。第一太阳能公司受到国内市场的支持和欧洲市场的补贴，加之作为薄膜生产商的主导地位，很难想象这样的公司是如何失败的。然而，通过股权激励的投资和补偿方法，提供甚至促进了价值提取，以确保企业的风险投资者和高管可以从短期的股票业绩中获得巨大收益。这种不正当的激励方式不仅将创新投资的其他核心利益相关者（政府、学校、员工）分割出去，而且还有可能破坏公司业绩。这样做，不是在未来的创新中进行风险投资，而是在追求财务回报上浪费资源。

与此同时，许多美国公司缺乏创新技术，更缺乏获得额外资本的机会，继续面临市场不确定性或者会遭遇飞来横祸，导致破产。这将促使长荣太阳能公司不得不从美国“走出去”而融入中国。Spectrawatt 公司和索林德拉公司也因缺乏可用资本而陷入绝境。尽管面对同样的全球市场条件，中国的企业却能并将长期受益于公共财政制度。当风险投资者不承担风险时，政府便成为填补空白的唯一选择。

打造绿色创新生态系统（共生而非寄生）

创新是不可能由一个人或一家公司独立完成的。如果没有设定方向和明确长远的目标，那么创新就不能进行。当政府政策失灵时，公共资金可能被浪费。因为政治家或纳税人拒绝投入更多的资源，有前途的技术可能无法发挥潜力。当企业失灵时，成千上万的就业机会将会消失，投资者将失去信心，企业的声誉也会受到影响。一旦不确定性和不景气占了上风，有前景的新的解决方案就不会出现。由于政府和商业活动如此紧密地联系在一起，因此在根本上，只会导致集体失灵，而不应是某一方的失灵。

应该清楚的是，迄今为止所经历的绿色能源革命是在全球范围内展开的一项复杂的长期的过程，是长达数十年的复杂技术发展和扩散的结果。绿色能源革命得益于政府的大量投资——鼓励建立新公司，并通过创造市场机会来支持其成长。各种政策的出台都是为了推动技术发展、提高市场效率和规模、实现有效的监管。总体而言，这个过程是通过创新减轻气候变化和促进能源多样性的清洁技术来加速经济增长的。长远愿景是将我们目前的生产系统转变为可持续的绿色产业体系。这是一个致力于为公众带来长久利益的使命，同时将实现卓越的经济业绩。

未来，绿色革命起飞的关键将是建立创新生态系统，从而形成共生的公私合作关系，而不是寄生关系。也就是说，国家在生态系统中增加的投资能否使私人部门投资少一些，能否把留存收益集中在提高股价方面而不是在人力资本形成领域和研发领域？

下一章将研究苹果公司的案例，以探究国家在创新方面的投资是否受益于像苹果这样的特定公司（在公司层面以及所使用的关键基础技术方面）——这已经在由纳税人资金投资的国家得到了证明。创新投资会带来较多的税收收入还是更多的工作机会，苹果公司未来在创新方面是否有更大的投资？只有提出这些问题，创新型国家才能更加务实。

第八章

风险和回报：从害群之马到共生的生态系统

几年前，当我住在加州时，我们曾说加州要领先于全国其他地方 20 年。我想我们可能是对的。

——诺曼 R. 奥古斯丁（Norman R. Augustine）

前洛克希德·马丁公司董事长兼首席执行官

这本书强调了国家在促进创新增长方面所发挥的积极作用。正如人们所争论的那样，这导致了熊彼特所推测的“创造性破坏”，这是非常有风险的。然而，在金融领域，人们普遍认为风险与回报之间存在着一定的关系。在创新博弈中，情况并非如此——风险承担是一项集体行为，而获得回报用于集体分配却很少。在一般情况下，国家获得风险投资的唯一回报是由这些投资产生的效益带来的更高税收收入（间接收益）。但考虑到不同类型的税收漏洞，税收收入往往不能准确地反映收入来源（例如收入与资本利得）。税收已经证明是一种很难让国家收回其创新投资的方法。事实上，即使从国家支持的创新中获得的税收也很难为硅谷这样的创新投资提供足额资金支持，这一点总是意味着巨大的失败（如互联网）。这些都是不确定的创新过程的真相。

政府和私人部门之间确实存在很多伙伴关系。在这些伙伴关系中，尽管风险是集体承担的，回报依然是私人的。美国国家科学基金会没有从资助谷歌搜索引擎的算法中获得任何经济回报，这样做对吗？一个基于政府支持的创新体系能否在没有回报的情况下可持续发展？在公共领域缺乏对于政府在全球经济增长中扮演的核心企业家角色的了解，除了凯恩斯主义的需求管理和创造增长条件理论之外，目前人们正在把一个成功模式置于重大的危险之中。

理论上，在生物制药和其他技术的社会化和商业私有化后，如果私营公司能够利用利润再投资于研究和进一步的产品开发，国家将会退出。这样的话，国家的作用将局限于最初承保的激进的新发现，直到它们产生为另一种新发现提供资金的利润。但私人部门的行为表明，公共部门无法以这种方式传递研发的指挥棒。同时，国家的作用不能局限于"播种"。如果国家对创造经济增长和技术变革感兴趣，它可以支持技术，直到它们被大规模生产并广泛部署。当然，国家在诸如"安全"、"契约执行"和"减少不平等现象"等不同领域可以发挥更广泛的作用，这意味着无论是什么样的创新游戏，国家居于次要位置都不是一个最佳的选择。

奥巴马政府所面临的许多问题，都是由于美国纳税人实际上不知道他们的税收是如何促进美国的创新和经济增长造成的。他们没有意识到，企业正在从其税收支持的创新中赚钱。与此同时，这些以纳税人为支撑的公司既没有把大部分利润返还给政府，也没有投资于新的创新（马祖卡托，2010 年）。这个故事告诉美国纳税人，经济增长和创新是个别精英、硅谷企业家、风险投资家或小企业努力的结果。与欧洲大部分国家相比，这些政策是宽松的（或不存在的）及低税收的。类似的情形也在英国发生。在英国，人们认为，实现经济增长的唯一途径是由私人领导，而国家只需要确保法治就可以了。

为了使增长更公平，更包容，为了获得更公平的分享，经济学家、政策制定者和公众须更好地了解哪些利益相关者真正分担了必要的基本风险，从而促进了创新，带动了经济增长。如前所述，风险承担和投机对于创新来说是必不可少的。“奈特不确定性”以及它所需要的不可避免的沉没成本和资本密集度，实际上是包括风险资本在内的私人部门经常回避的原因。这也是政府常被看作利益相关者的原因——它们经常带头，不仅是为了修复市场，也是为了创造市场。

为了更全面地考虑这个问题，我考察了苹果公司，亲眼看见了风险报酬问题的严重性。这可能让人觉得我故意选择苹果公司，但没有比苹果这样的公司更能解释为什么在大众眼中市场是资本主义的引擎（已着重在第一章中讨论）。在第五章中，我尝试通过讨论国家在苹果公司取得成功的过程中起到的积极的作用来平衡这种形象。在第五章中，我认为把这个故事讲清楚，可以让苹果公司避免将其利润的一部分返还给助其成功的政府。另外，我将在第九章中通过一种新的明确的方法——一个新理论，以进一步了解风险与奖励之间的关系，以及创新与平等之间的关系。有人认为，工业和创新政策必须包括再分配工具，以弥补国家需要的创新投资。因为失败是试错过程的一部分，这种再分配工具能够覆盖不可避免的创业损失，而且分配的创新基金对下一轮的创新是必不可少的。

回到苹果：美国政府为投资做了什么

在这个数字时代，创新是智能增长的关键，但包容性增长（欧盟委员会，2010 年）需要考虑回报的分配。风险在创新的过程中是固有的。通常，当技术成功转型成商业产品或服务（例如苹果手机）时，风险承担者将获得丰厚的回报。这也是为何创新能形成如此高度的“累积”——今天的创新是建立在昨日创新的基础之上的。因此，根据“生态系统”中的特定行为者进入创新链的情况，我们不仅可以捕获他的贡献，而且可以捕获累积创新曲线下的整个领域（拉佐尼克和马祖卡托，2013 年）。在许多方面，这解释了在国家投资于最具风险和资本密集型技术后的几十年里，在信息技术和生物技术等不同领域风险投资人获得成功的原因。然而，他们的贡献与获取的暴利远远不成比例。或者可以说，获取的暴利已经错误地证明了技术成功的缘由。因此讲述苹果公司的故事很有必要。

然而，显而易见的是，在苹果公司的案例中，苹果公司的高管和股东并不是开发诸如 iPod、iPhone 和 iPad 等创新产品的风险的唯一或最大的承担者。更确切地说，正如第五章中所描述的那样，这些技术的成功绝大部分归因于美国政府的远见卓识。美国政府在 20 世纪 60~70 年代已开始设想电子和通信领域的革命性创新。苹果公司的高管及其股东并没有参与这些与基础科学相关的技术投资。当没有其他人站出来承担挑战风险的时候，美国政府（主要是军方）敢于冒险承担研发重任，最后才有可能取得成功。苹果公司迎来了新一代 iPod、iPhone 和 iPad 产品，这些技术都是经过国家播种、培育并最终成熟的。这些投资在一定程度上是为了解决国家的安全问题，直到后来才演变成一个问题，即如何将过去的技术开发进行商业化应用，以通过扩展、创造就业来提高经济竞争力。重要的是，苹果了解这个游戏规则，通过加大对平板电脑的影响力，并借助政府的力量，创造性地开发了电子消费领域。所以，苹果公司能够在成功的浪潮中继续前进，随时跟踪行业动态，并能将它的优势一直保持下去。

苹果创造就业机会的神话：并非所有的工作都是平等的

苹果是一种“新经济”公司，强调技术和知识的应用性，在劳动力市场上也是如此。在这个方面，掌握拉佐尼克（2009 年）强调的新经济商业模式（NEBM）与旧经济商业模式（OEBM）之间的区别是很有必要的。直到 20 世纪 80 年代后期，旧经济商业模式主导了美国企业界，其特点是公司等级明确、就业机会稳定、收入不菲且合理公平、医疗和养老有保障（拉佐尼克，2009 年）。在旧经济商业模式中，就业稳定性受到高度重视，因此其员工流动性很低。相比之下，发展信息技术的高科技公司广泛采用了新经济商业模式，它为企业提供了稳定就业、技能培养和可预测的职业回报等承诺。另外，员工不期望在单一企业中发展终身职业，而是高度重视在企业间流动给他们带来的好处。“与旧经济商业模式相比，新经济商业模式中的劳动关系双方的组织承诺大大减少了”（拉佐尼克，2009 年）。因此，劳动力的全球化不仅是信息和通信技术发展的结果，而且是新经济商业模式发展的结果，因为企业可以在不同的国家和地区之间寻求低薪与高技能员工的最佳组合。

由于苹果公司在产品销售和企业财务方面的巨大成功，它经常成为人们关注的焦点。2012 年 8 月，苹果公司的市值超过了 6 230 亿美元，超过了微软公司在 1999 年科技股鼎盛时期创下的纪录。然而，这种成功是有代价的，现在苹果公司受到了严格的审查。最近引发的有关苹果公司的公开争论，涉及企业税收收入、美国制造业和就业岗位减少的问题，以及对其海外制造和生产活动的批评。苹果声称它直接或间接地创造了 304 000 个工作岗位。把 304 000 个工作岗位加上大约 210 000 个专注于为苹果开发手机应用程序的工作岗位，那么总数将达到 514 000 个，这些工作要么是苹果公司自己提供的，要么是由苹果公司所支持的。苹果公司的数据来源于岗位分析集团（Analysis Group）的报告。这个分析集团是一家私人咨询公司，专门研究苹果在就业市场上的影响。[①] 这些数字受到关注主要源于正在进行的关于科技公司是否在国内制造业中创造就业机会的辩论。苹果直接雇用了 47 000 个工作岗位的员工，而它声称公司创造了 304 000 个工作岗位。在位于美国 44 个州的 246 家苹果零售店中，有超过 27 000 个工作岗位。苹果公司没有透露具体的 304 000 个工作岗位是否包括制造业部分（或者是富士康等海外制造商所创造的工作岗位）。但是，这个数字似乎暗示了苹果体系中高度多样化的职业，从联邦快递员工到医疗人员的任何人都被视为苹果员工［瓦斯拉洛（Vascellaro），2012 年］。

苹果公司在美国公开宣称自己是强大的就业创造者并很少受到媒体的监督，这助长了公众对苹果公司新产品的狂热。人们对苹果公司产品的预测（通常是谣言），经常占据公众（媒体）的头条。记者戴维·西格尔（David Segal）于 2012 年 6 月 23 日在《纽约时报》上发表的文章，讨论了苹果公司在零售业务方面的扩张态势和新的工作展望。随着在全国各地建立更多的商店、数据库和呼叫中心，苹果公司在劳动力市场的需求明显，零售业务和其他业务部门的业务量有了更大的增长。即使像亚马逊这样的在线零售商也开始扬言要关闭零售业务，迫使许多公司

① 完整的报告没有公开发表，然而苹果公司在其网站上分享了该报告的部分内容。网址为 http://www. apple. com/about/job-creation/（2013 年 4 月 12 日）。

关闭了门店或专注于在线销售，而苹果公司却一直希望通过个人对个人（P2P）的销售方式来提高店面形象，并专注于消费者满意度，从而增加销量。西格尔（2012 年）记录了有广阔就业基础的企业零售部门和苹果高管之间的工资差距。在这个过程中，他讨论了苹果公司员工缺乏职业前景和晋升机会的问题。尽管该公司具有特殊的人口就业统计意义，但该公司的薪酬政策只比沃尔玛略好一些，因为该公司未能为大多数门店员工提供销售佣金或股票期权（西格尔，2012 年）。虽然扩散是任何创新成功的关键，但零售员工的贡献并没有得到相应的回报。

中国台湾的代工企业富士康在中国大陆的劳资纠纷也很少受到审查（中国大陆的富士康公司是苹果公司诸多产品的加工基地）。不过，经济政策研究所的艾萨克·夏皮罗（Isaac Shapiro）将苹果公司的高管薪酬与中国大陆富士康员工的平均薪酬相比较，结果显示了收入的巨大差距。2011 年苹果公司的前 9 名高管总共获得了 4.408 亿美元的收入，而在 2012 年这些苹果高管的薪酬总额为 4.115 亿美元。从更大的视角来看，富士康的员工平均年薪为 4 622 美元，这意味着在 2011 年，前 9 名高管的收入相当于 95 000 名员工的年收入，相当于 2012 年 89 000 名员工的年收入。借助夏皮罗的方法，前 9 名苹果高管将获得与 2011 年美国公司零售业 17 600 名员工（占总数的 64%）和 2012 年的 15 000 名员工（占总数的 55%）相当的金额（夏皮罗，2012 年）。①

苹果首席执行官蒂姆·库克（Tim Cook）在 2012 年 2 月宣布，该公司的现金（980 亿美元）足够维持公司的业务需求。许多分析师和股

① 夏皮罗估计，2012 年苹果零售员工年收入平均为 2.5 万美元，而拉佐尼克估计 2011 年非专业员工的年收入为 2.6 万美元。苹果公司的前 9 名高管 2011 年和 2012 年的薪酬总额（分别为 4.408 亿美元和 4.115 亿美元），以及苹果美国零售员工的年收入，都被夏皮罗用于比较分析。

东都希望苹果能够将其创纪录的现金部分返还股东［利特克（Liedtke），2012年］。由于公司在史蒂夫·乔布斯任职期间没有派发股利或回购自己的股票，所以高管层对如何处理过剩的现金问题很感兴趣。正如许多人所预测的那样，苹果最近宣布了一项3年的股息和股票回购计划，这将使该公司目前的现金储备（450亿美元）略低于其股东的一半［道林（Dowling），2012年］。到目前为止，苹果还没有为公司的员工提供额外的福利待遇。这意味着只有苹果公司的股东才能从公司最近取得的成功中获得经济利益，尽管许多基层员工都直接参与其中。①

苹果公司与美国税收政策的关系

美国政府对美国企业在全球的成功有一定的既得利益。创新产品的产生反映了企业财务收益的总体成功。因此，随着税收的增加，美国国内经济有望受益。尽管iPhone和iPad等产品的成功为苹果带来了丰厚的回报，但很难确定美国政府是否成功地恢复了投资能力。

专家认为，现行的美国税收体系是为工业时代设计的，在工业时代，生产模式和过程在本质上需要一定程度的黏性或取决于企业的实际位置。如今，资本流动的速度比以往要快得多，甚至是虚拟的。在1999年出版的《资本转移》（*Capital Moves*）一书中，杰斐逊·考伊（Jefferson Cowie）追溯了美国无线电公司（RCA）的成长历程。美国无线电公司是20世纪初最成功的美国公司之一，它在全球范围内寻找可以降低工厂成本的地点。在当今最成功的企业中，降低制造和生产成本

① 2012年，苹果公司实施了一系列改革，以提高其零售利润率。尽管这些改革包括为其零售员工加薪，但苹果公司也开始裁员，以抵销加薪的额外成本。苹果公司后来认识到，这些改革犯了一些“错误”，并进行了调整［菲格曼（Fiegerman）和哈斯拉姆（Haslam），2012年］。

的动机仍然存在，实际上，在前面提及采用新经济商业模式的公司中普遍存在。然而，随着跨国公司的出现以及世界经济的日益全球化，这些工作并不只是从印度的卡姆登转移到印第安纳州的布鲁明顿或田纳西州的孟菲斯这样简单。在当今世界，像苹果这样的公司在降低成本方面有着更大、更国际化的理念。

因为没有监管机构来管理全球化，所以苹果公司等更易将贸易变成复杂的事务网络。苹果的主流产品（如 iPod、iPhone 和 iPad）始于加利福尼亚州的企业研发基地（在这里进行产品的设计、开发和测试），而其他基地则分布在美国的各种技术集群中。如第五章所述，苹果公司利用了政府的资助和研发来创新技术。一旦产品被设计出来，就可以在消费市场上召开产品发布会了。然而，产品还要被生产出来，而这在加利福尼亚不会发生，因为那儿的制造业成本很高。一名顾客在一家商店订购的一部苹果手机，主要是由韩国、日本和中国台湾制造的部件组成，并且是在中国内地组装的。克雷默（Kraemer）和同事（2011 年）估计，在每个设备创造的总价值中，苹果公司可以收回 58.5% 的利润。通过进一步扣除其他非苹果因素（约 2.4% 的利润），其中 30% 的价值是在非美国市场获得的。iPad 和 iPod 的价格分布估计稍高一些。据报道，大约 53% 的 iPad 价值和 49% 的 iPod 价值是在非美国市场中获取的［林登（Linden）等，2009 年；克雷默等，2011 年］。

在苹果公司获得的价值中，有多少真正转化为税收？近年来，苹果公司破纪录的产品销售带来了更高的产品毛利率和更多的现金储备。苹果公司随着其产品的受欢迎程度而占据了公共媒体的话语权。2012 年 4 月，《纽约时报》的几位记者发表了一系列关于苹果公司的文章。在这些文章中，有关苹果公司税收战略和就业政策的负面消息被公开发表。这些文章的第三部分《苹果如何避免数十亿美元的税收》（*How Apple*

Sidesteps billions in taxes）揭露，苹果公司通过公司税务改革计划能够显著地减少纳税额度。根据杜希格和科西恩尼维斯基（2012年）的说法，苹果公司使用了一些常见的做法，导致美国政府的税单大幅减少。此外，根据《纽约时报》的一项调查，苹果在内华达州的里诺成立了一家子公司（那里没有企业所得税或资本利得税），从而成功地避免了州税。苹果公司利用这家子公司获得了部分利润，而不是把这笔钱计算在其总部所在地加州的利润总额中。据报道，自2006年以来，苹果公司获得了25亿美元的利息和股息。为避免加利福尼亚州的资本增值税，利息和股息收益均只在内华达州上报。如果苹果公司在建筑、设计、营销等领域创造的价值能够完全准确地上报，那么加利福尼亚州政府的大量债务将会大大降低。这些事实只是强调，在这种情况下的加利福尼亚州，税收制度不是风险创新投资的可靠保障。①

上文概述的公司税务改革计划并不只是被苹果公司用于美国国内。事实上，杜希格和科西恩尼维斯基（2012年）指出，苹果公司在全球范围内采取类似的方式，在卢森堡、爱尔兰、荷兰和英属维尔京群岛等避税天堂设立了各种子公司，这样做是为了分散利润，降低纳税额。美国税法允许美国公司将其产品或服务的知识产权转让给其外国子公司，这也使得公司能够以相当高的比率降低它的纳税额。就像杜希格和科西恩尼维斯基指出的那样，苹果的爱尔兰子公司拥有许多产品的知识产权，并从苹果公司的产品销售中获得专利使用费。在另一个避税地点英属维尔京群岛，另一家苹果子公司鲍德温控股有限公司（Baldwin Holdings Unlimited）也与这些爱尔兰子公司共享权益。

---

① 事实上，美国的地方当局已经批准了数亿美元的特殊税收计划，以便苹果在内华达州里诺、得克萨斯州奥斯汀、北卡罗来纳州美登以及普莱恩维尔等地设立数据业务机构。

我们很难计算出苹果公司通过这种全球税收洗牌计划能节省多少钱。沙利文（Sullivan）于 2012 年指出，如果苹果公司将其在美国的一半利润上缴给美国政府，而不是上缴 30%，那么该公司 2011 年的赋税将比实际高出 24 亿美元。根据沙利文的说法，如果苹果实际上缴政府 70% 的利润，那么这种差额将是 48 亿美元。沙利文用下面的方法证明了他的论点和计算结果：

> 关于利润的来源，永远不会有一个确切的答案。但是，如果公司税是收入税，在价值创造的地方设置产品税是合理的，那么在苹果的案例中，还有质问它的大部分价值是否在美国境内创造的必要吗？

沙利文（2012 年）、杜希格和科西恩尼维斯基（2012 年）都反映了这样一个事实，即公司税务改革计划肯定不是苹果公司独有的。像谷歌、甲骨文和亚马逊这样的技术公司也从制订类似的全球税收计划中获益。[①] 在彭博社（Bloomberg）的一篇文章中，谷歌采用了类似于苹果的策略，这个策略曾帮助谷歌公司从同一个全球性税收减免地区获益（德鲁克，2010 年）。有趣的是，苹果、谷歌、亚马逊和微软等公司除了设法避免税收之外，还向立法委员会提交了一个“遣返税收假期”（repatriation tax holiday）方案，用于储存在无税地点的现金。在过去的 10 年里，这样的“遣返税收假期”涉及金额达到 790 亿美元，但没有

---

① 最近的一份报告［麦金泰尔（McIntyre）等，2011 年］显示，大约 30 家美国大公司不向美国政府缴税。通用电气是一名顶级避税者，在 2009 年和 2010 年都没有缴税。事实上，有些公司用“净信贷”的形式来展现它们公司的年度财务状况（这种“净信贷”背离了企业的初衷）。报告声称，通用电气组织了大约 1 000 名雇员开发避税方案。在一份最新的新闻稿中，税务官发现，2002—2011 年，通用电气的有效税率仅为 1.8%，远低于美国官方公布的 35.1% 的企业税率［公平纳税联盟（Citizens for Tax Justice），2012 年］。

保证被遣返的利润将被用于下一步的发展（杜希格和科西恩尼维斯基，2012 年）。相比于苹果公司和其他大公司的股票回购计划，“遣返税收假期”方案更让人吃惊（拉佐尼克，2011 年）。鉴于人们普遍关注“股东价值最大化”的问题，因此没有什么能保证被遣返的现金不会被高管和股东据为己有。

公共政策创新不应该只关注研发税收抵免政策，还应该考虑到创造市场和技术的机会将增加私人投资。事实上，比尔·盖茨和史蒂夫·乔布斯都没有坐在那里想着以避税来获得积蓄。一旦进行了创新投资，企业就可以通过不同类型的税收抵免政策获得大量的利润。正是一些企业从大额公共投资中获益良多，也正是这些企业游说政府减税，造成了公共资金大幅减少。我们应该正视这个事实，转变政策——这将是第九章的主题。

需要强调的是，苹果公司的成功归因于乔布斯长期关注创新和设计。这并非巧合，在乔布斯的领导下，苹果公司没有应用像股票回购或股息计划这样的短期做法，因为这将消耗可以用于研究和设计的资金。乔布斯专注于创新，颠覆了竞争的市场，这是他管理以及理应获得的回报和认可的重要部分。然而，苹果公司也是一个集体组织，公司的成功依赖于其有才能的员工的全面参与。这种创新在很大程度上依赖于国家的资助，忽视这一点以及否认国家的激励措施（通过税收以及将在第九章中所说的更直接的方式），将不会有助于公司未来的发展。

数字经济中的奇怪悖论：为什么企业的成功会导致区域经济的困境

2008 年的金融危机揭示了美国竞争力显著下降的现实。在金融危机爆发之前，美国竞争力一直处于停滞状态。加利福尼亚州的高债务水平只是美国面临更大连锁性灾难的症状之一。在金融危机爆发前，美国国家科学院被美国参议员和国会议员组成的两党集团要求组建一个专家小组，其目的是确定美国竞争力下降的原因。该专家小组负责提供政策建议，重塑美国全球科技领军者的形象。2005 年，美国国家科学院委员会在一份 500 页的标题为《上升到风暴之上》（*Rising above the Gathering Storm*）的文件中宣称，国家干预是重新定位美国作为创新能力领导者的必要和关键的解决方案。2010 年，美国国家科学院的政策建议再次被重新审视。一份后续报告得出结论，必须立即采取行动，并尽量减少竞争力持续下降带来的影响。

奥古斯丁在本章开篇所发表的声明引起了人们对加州势不可当的创新氛围的关注，这种气氛使得苹果这样的公司在过去的几年里取得了显著的收益。这种环境刺激的创新，在很大程度上归功于美国政府和军方在通信及信息技术领域的直接投资与采购。将税款用于开发新技术的最终目的是承担开发创新性复杂产品和系统的风险。这是一个巨大的风险，往往会阻碍商业部门的自行投资。从理论上讲，成功的创新所带来的效果应该在更广泛的经济体系中得以体现。由于优秀的创新成果会导致新的产品和服务，随后将提高生活质量，为有能力的劳动力创造新的就业机会，这将大大增加国家的出口和竞争力，使得税收收入大幅增加。通常认为，创新投资最终将再投资于该国的有形和无形资产。

通过在科学和技术基础上增加国家投资的良性循环，国民经济将为未来的可持续发展铺平道路。然而，具有讽刺意味的是，随着苹果、谷歌、通用电气、思科等公司在经济上的蓬勃发展，美国国内正在努力寻找解决经济问题的方法，如对亚洲经济的贸易赤字增长、制造业活力下降、失业率上升、预算赤字扩大、基础设施不均等问题。目前，经济动荡不能完全解释银行危机、信贷紧缩和抵押贷款市场的崩溃。今天面临的问题在结构上是复杂的，并且影响深远。评估创新的效果是很重要的，无论它们是否带来新工作岗位的增加，无论这些新工作的报酬是否更多，无论这些新工作是否能增加税收收入以及增加高价值商品和服务的出口。几十年来，政府在科技基础上的投资，使美国成为一个成功的革新者，却未能确保高水平的就业、增加税收收入、促进商品和服务的出口。苹果公司便是一个典型的例子，说明了为什么国民经济会经历这样的悖论。

随着对苹果公司和其他科技公司创新产品及其成功的相关研究日益增加，一些有趣的政策问题被提了出来。正如拉佐尼克（2009 年）所说，旧经济商业模式是创造大规模生产技术革命的黄金时代的关键，资本、劳工和国家共同分享其潜力和效益。在这个时代，工作稳定和实际收入的增长被认为比不安全感和成为初创企业里的百万富翁更重要。我们要记住，虽然创新是长期增长的关键源泉，但促进创新与促进公平增长并不相同。在很大程度上，公平增长是由工作条件和商业组织内的高薪来实现的。

我们在创新的过程中将会遇到以下问题：新经济商业模式是否会转型，以及信息与通信技术革命是否有益？随着这些新技术带给苹果公司的成功，它将如何分配在公司内创造的财富？公司能否提供更安全的就业机会、足够的就业培训机会和令人满意的工资待遇、潜力上乘以及维持真正的工作与生活平衡所需的福利？或者公司是否会利用创纪录的现金来奖励由高管、股东和投资者组成的少数特权群体？公司的决定不仅会对经济效益产生影响，还会对其数千名员工的生活质量产生影响。

今天的贝尔实验室在哪里

由于美国政府数十年的支持和干预，创新生态系统已经带来了丰厚的回报。在很多方面，创新生态系统一直是像苹果这样的企业梦寐以求的。尽管从定义上来看，政策文件承认了国家的作用，但它未能使国家的政策活动与有关企业发展、战略决策和创新结果之间建立直接联系。即使对于那些相信公共政策的人来说，国家也被描述为一个推动者而不是一个动力引擎。因此，美国企业常常忽视了它们成功的原因。

麻省理工学院最近的一项多学科研究①，揭示了美国创新体系的优势和劣势，以及美国制造业相对落后的原因。这项研究深刻地揭示了为什么有前景的创新的发展在达到商业规模之前是停滞不前或只能在国外发展。研究显示，贝尔实验室、施乐帕克和美国铝业研究实验室等大型研发中心已经成为大公司的历史，它们大多数都消失了。长期的基础和应用研究不再是大企业战略的必要的组成部分，因为企业研发现在着眼于短期需求。该研究称，美国工业生态系统已出现大的漏洞：

20 世纪 30 年代，杜邦公司在投资了 10 年的基础研究后生产出了尼龙。另外，当实验室研究出一个颇有市场潜力的产品时，杜邦就会调动资本和工厂进行生产。今天，当创新更有可能出现在抽资脱离的大学或政府的小型实验室里时，扩大生产的资源从何而来？规模扩大的每个关键阶段（包括原型制造、试生产、演示测试、早期制造、全面商业化）需要的资金从何而来？当主要通过对初创企业的兼并和收购来扩大公司

① 创新经济项目的生产利用了几个学科（经济学、工程学、政治学、管理学、生物学和其他学科），阐明了在全球竞争日益加剧的时代，美国的创新优势是如何扩大到新的生产力中的。2013 年 2 月 22 日，研究人员公布了该项目的调查结果，这些结果记载于 2013 年秋季出版的两本书中：《美国制造：从创新到市场》（*Making in America: From Innovation to Market*）和《创新经济中的生产》（*Production in the Innovation Economy*）。

规模时，当收购公司是外国公司时，美国经济是如何获益的？［创新经济委员会（PIE Commission），2013 年］

研究认为，企业不愿意通过这些实验室向社会提供公共利益，因为它们无法从研发中获得全部利润。然而，正如第三章所讨论的那样，这正是为什么政府必须资助诸如基础研究等领域的常见解释。然而，目前尚不清楚的是，为什么随着时间的推移这种情况总是发生变化以及如何变化。私人收益和社会收益（源自研发产生的溢出效应）二者之间差距很大，贝尔实验室时代便是这种情况，现在仍然如此。今天最缺少的是研发的私人部门与公共部门之间建立真正的合作伙伴关系，从而带来所谓的“不太共生的生态系统”。因此，谈论伙伴关系和生态系统并不重要，重要的是谈论我们所期待的“共生或寄生”的“生态系统类型”，以及什么样的政策可以使私人部门“加入游戏”，而不是只着眼于短期的利润领域并期待政府开展高风险的投资。美国国家卫生研究院的研发预算每年都在增长，在 2012 年接近 309 亿美元。大型制药公司却以“开放创新”的名义关闭了研发部门，这种做法对吗？这种反应会改善创新生态系统吗？

国家和地区的未来竞争力决定了社会经济的繁荣程度，高度依赖于它们维持最有价值的资产的能力——这种能力是创新生态系统的一部分。然而，考虑到创新也可以被操纵，所以不仅要了解如何构建有效的创新“生态系统”，尤其要了解如何转变这种生态系统，使其成为“共生”而不是“寄生”的关系。这样的公私伙伴关系大大提高了所有参与者的利益和回报。

第九章

风险社会化与收益私有化：创新型政府也能吃自己做的蛋糕吗

美国健赞公司推广了一种新药（能够治疗一种罕见病），每年销售收入超过10亿美元。该药最初是由科学家在美国国立卫生研究院研制出来的。现在该药由健赞公司定价，一年剂量的价格高达35万美元。尽管美国法律赋予政府以“合理”的价格出售这类政府研发的药物的权力，然而决策者并未行使这项权力。结果出现了一个极端的例子，研发该药的成本社会化了，而产生的利润却私有化了。有些纳税人为研发该药提供了资助，做出了贡献，然而当他们的家庭成员需要这种药时，却会因为药价太高而买不起。

——瓦拉斯、克兰曼、比斯科蒂（2009年）

风险和收益扭曲的现实

金融领域广为接受的一个观点是，风险和收益之间存在着某种关系。在金融危机之后，许多学者敏锐地发现，金融领域经营活动产生的收益私有化现象日益严重，而风险却社会化了（亚历桑德里和霍尔丹，2009 年）。这种功能失调的状况同样出现在创新活动中。承担风险日益成为一个集体行为——政府在“开放式创新”体系中发挥引领作用。然而，收益分配却远未体现集体努力的特点。

很多人指出，金融危机及之后的紧急援助证明我们的经济运行方式实现了风险社会化和收益私有化，精英阶层获利，却牺牲了其他人的利益。这种观点无疑是正确的。紧急援助说明我们不得不承认这个事实：金融业像个寄生虫，可能阻碍经济发展。在金融行业，银行在分割风险、转嫁风险、借贷数次之后获得的利润远远超过实体经济产生的利润。金融公司发展迅速、规模庞大，以致难以捉摸。这些公司已深度融入全球经济，我们可以用“大而不败”来形容它们。许多人担心，无论这些金融公司是否行事草率，是否傲慢狂妄，政府都会给予紧急援助（这将会拖垮政府）。不管是否公平，金融公司在经济增长和下滑时都能获得收益。在 GDP 中，利率被算作金融业对风险发挥中介作用的“服务费”，对此，我们需要重新审视，因为我们现在知道到底是谁在承担真正的风险。从这个意义来说，利息就是租金，利息就是高利贷。

我们在本书各章中发现，在制造业中也存在类似的功能失调问题，即使是在最好的制造业中。所以，金融危机使得许多决策者想通过产业战略培育实体经济，此时出台政策必须谨慎，不能使情况更糟。我们不应将钱直接投入生命科学或信息技术中，而应该首先纠正这些行业中的功能失调问题。在制药行业，虽然政府承担着风险最大的研究，但是大型制药企业却是获益最多的。当风能和太阳能这类清洁技术竭力在世界能源体系中争取一席之地时，高管和股东（甚至包括亏损的企业）能得到千万元的报酬，而这些报酬中的一部分是由政府买单的（霍普金斯和拉佐尼克，2012 年）。在“新经济”行业，苹果公司这类企业从政府资助的技术及风险融资中受益，但这些企业几乎不支付税金，而这些税收可以用于资助未来的智能技术。在这种风险社会化、收益私有化的体系中，发展的前景何在?

经济再平衡战略涉及金融行业的规模及均衡。国家纷纷推动创新或呼吁制造业复兴，这样做还不够。我们需要的是功能性风险–收益结构，以此替代功能失调的“社会化风险”和“私有化收益”——经济危机呈现出这样的特点，在现代工业和金融业中也很明显。风险和收益均衡能够促进而不是削弱未来创新，并通过更广泛的利益传播来反映其集体性特点。

正如前几章论述的那样，实际情况是，在创新过程中谁真正承担了风险？这个问题没有引起人们的足够重视。本书在第一章中讨论了风险分布的不平衡问题，这个现象使得创新生态系统中的一些行为人（如风险资本家）将自己说成是勇于率先承担风险的人，以便游说政府同意他们获取更多的收益（拉佐尼克和马祖卡托，2013 年）。虽然有些知名风险资本家认识到政府的引领作用（詹韦，2012 年），他们仍不太愿意返还他们从这些投资中获得的收益，甚至更不愿意让政府增加资本收益和提高企业所得税。风险资本企业本身就是主要的游说力量，要求政府削减企业所得税（拉佐尼克，2009 年）。风险资本家让决策者以及许多主流媒体相信，他们是知识经济时代的创新力量，因此能从重要的减税政策及资本收益的低税率中获利（他们的主要经济收入来自资本收益）。

创新型政府的思路是，为了实现智能增长和包容性增长，需要更广泛地识别并理解那些促进人们勇于承担风险的动因，因为敢于冒险才能实现增长。例如，不应该以贪婪以及不平等来批评银行奖金（尽管这种观点能激起强烈的共鸣），因为这种批评不合逻辑，而应该从底层逻辑入手批评银行奖金，因为这种薪酬制度反映了在经济发展过程中对于承担的各种风险的一种补偿措施。

常理认为，银行家承担的风险很大，风险越高收益越大，所以银行家理应得到回报。一个相似的逻辑被用来证明这个现象的合理性：过去几十年，实力雄厚的股东的收益高得离谱，而这是不平等现象增多的另一个主要原因。这里的逻辑是，股东承担的风险最大，因为他们得到的收益是其他所有经济主体获得报酬之后的剩余部分（如果有的话），而工人和管理人员都领了工资，偿还了贷款和其他费用以及其他诸如此类的开支。因此，如果剩余部分多，那么股东理应享有——因为根本无法保证一定会有剩余，即他们可能会一无所获（詹森，1986 年；拉佐尼克，2012 年）。

“股东-价值”理论基于一种将股东视为“剩余价值索取者”的理念，因为股东无法获得稳定的收益率，所以他们成了冒险的先驱（詹森，1986 年）。这种观点被用于证明股东的大笔收益合情合理（拉佐尼克，2007 年；拉佐尼克和马祖卡托，2013 年）。这个分析框架假定经济体系中的其他行为体（纳税人和劳动者）确实有保证的收益率，却忽略了一个事实：在政府主导的各类巨大的风险投资中，有些投资根本无法保证收益。因特网这类新技术的成功投资的背后有着大批失败的投资案例，这都是由创新的不确定性而造成的。弱化政府的收税能力、压缩政府在所得收益中的合理份额，将削弱政府未来承担风险的能力。

最重要的是，识别谁承担风险不能仅凭如下观点：股东是经济发展的唯一推动力量，他们的收益得不到保证——基于代理理论的金融经济学的错误假定。实际上，股东只在意买卖股票，他们这样做是因为证券投资的变现比较容易，从这个角度来看，股东对创新过程的贡献微乎其微，承担创新的风险也非常小。相反，政府可以投资资本及劳动者可以投资劳动（时间和精力），从而参与创新过程，没有任何可以获得与投资相称的收益的保证，也没有谁能保证在投资失败时，他们将获得“紧急援助”（或不会失业）。为了推动创新，我们需要多种社会机制确保创新过程一旦取得成功，那些承担风险的人能够获得相应的收益。就像苹果公司因其承担的设计创新风险而获得回报一样，政府因其承担的技术发明和激进创新的风险理应受到奖励。

当我们更好地理解风险之后便会称赞公共部门在创新活动中的积极作用。在认识到这一点之后，集体分配收益便显得合情合理了，因为创新源自一个长期、渐进、共同、不确定的过程（而不是瞄准时机的投机性金融）。换句话说，集体分配收益就是以更合理的方式将“创新劳动”体现到收益分配中。有关创新的研究文献提出了许多有趣的观点，不过都集中在“创新劳动”分工上，如在创新过程中的大企业、小企业、政府研究机构和个人之间的动态变化。但是，关于如何分配收益的解读少之又少。如上文所述，政府和劳动者也在创新的过程中投资（尽管投资额可能不大），收益却得不到保证——在这个方面，苹果公司的案例非常有代表性。

关键的问题是，要处理好两类人之间的关系：那些勇于贡献劳动和承担资本风险的以推动创新过程的人和从创新过程中获得收益的人。关于风险–收益关系的通常的观点认为：当创新过程中的收益分配超过承担的风险时，不公平现象就会显现；严重的不公平现象将会干扰创新过程中的投资，造成不稳定现象；当不稳定现象加剧创新过程的不确定性时，经济发展就会停滞甚至下滑。我们需要应对的一大挑战是，建立各种制度来规范风险–收益关系以促进经济合理稳定地增长。

为了实现合理稳定的经济增长，我们必须认识到，创新是集体努力的结果，涉及广泛的劳动分工，包括许多不同的利益相关方。政府是创新的基础，通常在物质性基础设施和人力基础设施方面投资——这类投资，个人和企业无法单独推进，因为创新投资不仅固定成本高，而且不确定性大。政府还为各类投资提供补贴，帮助个人和企业参与到创新过程中去。在知识的生产过程中，从事学术研究的科研人员经常和行业专家互动交流；在行业内，许多研究团体将本来互为竞争对手的企业吸收进来；在价值链内部，用户和生产商之间也会就产品研发进行各种交流；企业内部按组织结构和职能进行劳动分工，将组织学习打造成一种常态，充分发挥广大员工的潜能及聪明才智。

一个新理论

促进实现智能增长和包容性增长的各种机制有哪些（如欧盟委员会2020年战略）？不平等现象和创新相伴的原因是什么？虽然古典经济学家（如大卫·李嘉图、卡尔·马克思）将创新和分配二者放在一起研究（比如分析分配原理对工资和利润二者比率的影响），然而在他们之后，创新和分配都是被单独研究而且一直持续了很多年。如今人们又将创新和分配二者结合起来，主要是从去技能化的角度切入的。人们认识到创新有一种趋势——促进那些技能水平高的人取得成功，而技能水平低的人则落在后面［阿西墨格鲁（Acemoglu），2002年］。然而，从技能化的角度来看，技能和技术都是外生的、由外界赋予的。这种理论也无法解释创新和更好的就业技能源自何处。由于存在这些问题，不平等现象的主要来源——收入最高的1%的人群和收入最低的99%的人群——是1%的人群拥有其他人没有的超一流的高级技能，这种观点让人很难接受（阿特金森等，2011年）。解释这个巨大的收入差距需要新的理论。

根据拉佐尼克和马祖卡托的观点（2013年），我们建立了一个风险-

收益关系理论研究创新和不平等现象之间的关系——这个理论出自创新理论。我们不禁要问：哪一类经济行为体（工人、纳税人、股东）为了获得未来不确定的收益而贡献了金钱和精力以促进创新发展？当创新发展获得收益时，获得收益的也是这类经济行为体吗？也就是说，谁承担风险，谁就能获得收益吗？我们认为，创新过程是渐进的，存在不确定性，是由团队协作完成的，正是这些特点造成风险和收益分离。

我们认为，对于所有"生态系统"中不同类型的集体行为体来说，如果在创新过程中产生的经济报酬的分配真实地反映了对创新过程的贡献程度，那么创新往往能缓解不平等效应。然而，如果有些行为体从创新过程中获得和他们的贡献大小不相称的经济报酬，创新便会加剧不平等效应。如果出现了后者这样的现象，那么在累积创新曲线上，创新型企业创造出的经济效益便接近最终产品市场，在某些情况下，接近如股市这样的金融市场。这些受惠的行为体提出一些观点（这些观点的思想来自新古典经济学关于效率的各种主张以及相关的"股东-价值"理论），认为他们从创新中获益过多是合理的。这些观点都偏向于创新过程中的财政贡献，而不是劳动者和纳税人的贡献。最终，正因为创新是个渐进的集体过程，风险-收益关系失衡不仅加剧了不平等效应还阻碍了创新的过程。

找到一种方式调整承担风险和获得收益二者之间的关系，无论对于缓解不平等效应还是促进更多创新都很关键。

直接或间接收益

依据金融理论中被广为接受的风险-收益理论，如果政府的高风险投资对于创新非常重要，那么政府必然要获得风险投资产生的直接收益。这些收益可以用来资助下一轮创新，有助于弥补投资高风险领域造成的损失。因此，我们不要过于担心政府能不能“挑选赢家”，而应该关注当产出经济效益时该如何分配，以便弥补那些无法避免的失败造成的损失。毫不夸张地说，如果政府能从因特网投资中获得 1% 的回报，如今政府便有更多资金用于投资绿色科技。

很多人认为，考虑给政府直接收益并不合适，因为政府已经从投资中通过税收制度间接地获得了收益。这种论调假定，税收制度能够确保政府从多种渠道“公平合理”地获得税收收入，税收支出是反映经济增长的最佳方式。然而，事实上，税收制度不是支持创新体系的，创新体系的推动者是那些在收益出现的几十年前便愿意投资的行为体。不仅如此，这种观点忽视了一个事实：偷税漏税现象很常见，而且客观地讲，这种现象不会消失［英国最近的研究显示，“税收缺口”总额达 1 200 亿英镑，和国家赤字数额（1 260 亿英镑）相当。“税收缺口”是指未缴纳的税收收入，包括偷税漏税及延迟付款］。[①] 创新主体是谁？正因为对这个问题的回答歪曲了事实，导致税率（如资本收益税率）大幅下降。本书第一章提道，20 世纪 70 年代末，美国的全国风险资本协会成功地游说国会在 5 年内将资本收益率降低一半（从 40% 下降到 20%）（拉佐尼克和马祖卡托，2013 年）。

现代企业通常都是全球组织，业务遍布多个国家，满足许多发展型国家的不同需求。一个地区的政府支持创新，而在当地积极开展业务的企业是否给予政府足够多的回报，这个问题似乎无解。资本（业务）流动意味着资助创新力度最大的某个地区将来可能无法获得经济收益，例

---

① 资料来源：《什么是税收缺口》（*What's the Tax Gap*?）（英国《税务研究》，2012 年）。http://www.taxresearch.org.uk/Documents/FAQ1TaxGap.pdf（2013 年 3 月 1 日）。

如，为当地创造就业机会，增加税收。假定税收制度准确捕捉到了政府投资产生的收入份额，这种做法既成问题又很幼稚。

以苹果公司为例。如第五章所述，苹果公司在其发展的早期获得美国政府的小型企业创新研究计划的资助，实现苹果手机智能化的所有技术也都是政府资助的（和政府项目联系在一起），如因特网、无线网络、全球定位系统、微电子、触屏显示器以及最新的智能语音助手。然而，和政府资助力度相比，苹果公司带给美国政府的税收收入却很少（这个问题在本书第八章中探讨过）。苹果公司将自己的研发部门及制造部门分布在全球多个国家，留在美国国内的只有零售店网络中的工资较低的零售岗位。苹果公司业务遍布全球，美国税收制度无法收回政府的全部投资（这些投资扶持了许多有风险的投资，成就了苹果公司这类“赢家”）。

在制药业，这个问题更明显。新分子实体药物中的四分之三都来自政府资助的众多实验室。然而，过去 10 年，制药业前 10 强的利润超过《福布斯》世界 500 强企业的利润总和。制药业还享受很多税收优惠：研发成本可以免税，市场推广的大笔费用大多也可以免税，因为这些可以算作研发费用（安杰尔，2004 年）。政府在支付了大多数研发费用之后，通常以最低价格转让研发成果。例如，美国国立卫生研究院研制出抗癌药紫杉醇（Taxol），而百时美施贵宝公司（Bristol-Myers Squibb）将该药一年剂量的售价定为 2 万美元（是制造成本的 20 倍）。该公司只给美国国立卫生研究院支付 0.5% 的特许权使用费。而在更多的其他情况下，药企根本不支付任何特许权使用费。人们简单地认为，公共投资就是帮助企业创造利润的，根本不考虑这种风险与收益分配关系被严重扭曲的事实。

我们该怎么办？下文提出了一些具体建议。

知识产权黄金股与国家“创新基金”

如果应用型技术突破是由政府直接资助的，政府应该从技术应用中获得特许权使用费。从多个行业、多种科技中获得的特许权使用费应存入国家“创新基金”，政府可以用这个基金资助未来的各种创新。政府获得收益不应阻碍新技术在经济中的传播，也不应降低创新者承担风险的热情。相反，因为政府得到收益，并将部分收益直接投入下一个项目，使用纳税人的钱加速激进式创新的政策便能更加持久地推行。启动这个程序的第一步是，提升政府投资的透明度——追踪政府支持产业投入的经费，要求企业在不损害专利信息的前提下报告其公私合作的内容及价值。我们从创新的过程中得到的信心越多，政策选择产生的效果就越好。

伯拉马基（Burlamqui）于2012年指出，修补市场失灵无法解决这个问题，必须从更宏观的塑造市场的视野思考这个问题——运用“知识治理”（knowledge governance）这个概念。他说道：从知识治理的角度来看，一个重要的问题必须得到解答，即政策保护何时才能不再产生为寻租和抽租提供温床的熊彼特式的利润？（伯拉马基，2012年）。他认为，有一种方法可以解答知识治理问题：政府资助的研究催生出的专利在实现收益之后，政府持有大部分股票，确保专利持有人积极配合，在过了最初保护期之后，专利可以被广泛合理地授权。抢占先机者应能收回成本，但不能阻碍他人从创新中获益。

按收入比例还款型贷款和股票

还有许多其他可能的方式让政府从创新投资中直接获得收益。其中一个方法是确保政府提供给企业的贷款和担保有附加条件。贷款或拨款均可附加条件，如按收入比例还款型贷款（和学生贷款相似）。如果企业获得政府贷款或拨款之后获利超过一定比值，政府应要求该企业按照一定比例上缴超额利润。谷歌公司获利数百亿美元，难道不该拿出一小部分用于资助为创新算法提供资金支持的公共机构吗？

除了按收入还款型贷款之外，政府也可以持有其支持的企业的股权。其实，许多国家就是这么做的，比如芬兰，芬兰的一家政府出资机构芬兰国家研发基金（SITRA）在诺基亚公司发展的早期阶段投资并持有其股权。这类投资正是风险资本越来越不愿意参与的早期投资。可是，英国和美国这样的国家以及那些照搬盎格鲁–撒克逊模式（Anglo-Saxon model）的国家却害怕政府权益，因为它们担心国家的性质会因此而改变。其实，这是纯粹的资本主义：在最成功的资本主义经济体中，政府都很活跃并发挥积极作用，敢于进行这类风险投资；当事情进展不顺利时，我们急于批评政府（如协和式飞机项目），而在取得成功时，我们却让政府迟迟得不到回报（如因特网项目）。

开发银行

国家开发银行是更直接的资助方式，虽然很多人认为，国家投资银行在满足“反周期”贷款需求中发挥了重要作用[斯基德尔斯基（Skidelsky）、马丁和威格斯特罗姆（Wigstrom），2012 年]。国家开发银行的另一个重要作用是获得收益，继续资助未来投资。2012 年，德国的国家投资类银行德国复兴信贷银行 KfW 获利 30 亿美元，而大多数私有银行都处于亏损状态，许多银行的利润都在下降。实际上，如果政府机构由那些不仅相信政府的力量而且拥有理解创新过程的专业知识的人掌管，它们必定能产生高收益。巴西国家开发银行便是一个典型代表，这个银行一直积极投资清洁技术和生物技术领域的创新。2013 年，巴西国家开发银行的产权收益率达到 14.5%，它的部分收益继续用于突破性的技术研发，其余收益用于建立和支持社会文化工程。国家投资银行还可以发挥更大的作用，中国国家开发银行不仅替代了私人融资，还为太阳能产业中的制造商创造了许多机会。例如，中国国家开发银行拨付30亿美元资助阿根廷最大的风电项目，该项目使用中国制造的风力发电机。阿根廷风能开发商通过商业手段获得了难得的资助，而中国国家开发银行为国内风电设备制造商增加了销售收入，同时自身也获得了贷款利息并可以将其用于推进未来的经济发展（尼尔森，2012年）。

总之，智能增长、包容性增长、可持续增长不会自动发生，而需要专门的政策措施加以推进。本章的讨论只是个开始，以期抛砖引玉。制定上述政策（知识产权黄金股与国家创新基金、按收入比例还款型贷款和股票、开发银行）面临不同层面的困难，但不能成为我们拒绝这些政策的理由。在大数据时代，我们完全可以着眼于具体情况构建政策工具，确保风险和收益之间的关系更合理。其实，这些政策已在一些国家和地区以不同形式付诸实施，如巴西、中国、丹麦、芬兰、德国、以色列，甚至还有欧盟（借助欧洲投资银行）。问题的关键在于：如何以一种更加开放的姿态探讨实现智能增长，还能使增长的包容性更强，最终实现风险和收益社会化。这样不仅可以为未来创新带来更多资金，同时还能限制加剧不平等效应的价值榨取。

第十章

结　论

为了推进创新，驱动增长，理解公共部门和私人部门能够发挥的重要作用非常关键。这不仅需要理解创新“生态系统”的重要性，还要明白每个行为体给这个系统能带来什么。当面对危机时，公共部门最多只能激励私人部门驱动创新（通过补贴、减税、碳定价、提供技术标准等方式）的观点无法解释政府而不是私人部门引领创新的许多案例。忽略政府的引领作用将影响到公私合作关系（潜在的寄生性而不是共生性）的类型，另外，政府的无效激励（包括各种减税措施）将浪费资金，而这些资金本可以收到更好的效果。

在现代资本主义经济中，政府勇于承担风险，功不可没。理解政府的关键作用要认识到创新的“集体性”特点。不同类型的企业（大企业和小企业）、不同融资方式以及不同类型的政策、机构和部门有时以一种不可预测的方式互动发展，但我们必定能够影响这些互动方式以实现预定目标。弗里曼（1995年）、伦德瓦尔（1992年）和尼尔森（1993年）三人梳理了创新体系的研究文献，他们的开创性工作特别重要。我们逐步建立了各种开放的创新体系，减少了公私合作障碍。与此同时，我们越来越依赖这种横向调节系统。

多年来，我们已认识到，创新不仅需要研发投入，还需要一套制度促进新知识在经济中的传播。产学紧密联合是支持创新的一条途径，本书中的多个案例表明，产学联合可以更深入并能延续几十年。现在很难再将创新过程视为政府和企业各自独立推进的活动。

然而，当务之急并不是引入一些时髦的新词（如创新生态系统）来描述创新过程，而是要理解这些系统中不同行为体之间的创新劳动分工，特别是每个行为体发挥的作用、承担的责任（这些行为体面临的风险都非常大）。虽然政府需要勇于冒险的精神，但不应只是承担（甚至降低）私人部门的风险，而应该承担私人部门不愿承担的那些风险并能从中获得收益。获得收益非常重要，因为这样才能保证创新长期延续（从当前创新中获得的收益用于资助下一轮创新，并可弥补创新过程中的一些不可避免的损失），降低政治周期和商业周期对创新周期产生的不良影响。公共政策应聚焦于公共部门在行业和机构内部的具体作用，这样才能催生本来不可能出现的技术——凯恩斯在《自由放任的终结》一书中强调的正是这个观点。这说明，公共部门支出应该发挥重要的“反周期”作用（不幸的是，因为受财政紧缩思想的影响，当前公共部门支出未能发挥“反周期”作用），而且还必须围绕每个政策工具提出多种问题（如围绕出台研发税收抵免政策提出这样的问题：如果没有这项税收优惠政策，研发便无法推进吗？）。

正因为政府创新和企业创新具有不同的特点，政府在创新中不可能发挥明确且万能的作用（一种平衡状态）。承认这种特点意味着我们需要一种方法，以理解政府发挥影响的特定领域和评价政府投资活动成效的特定绩效指标。例如，尽管资助协和式飞机（人们通常用这个案例指责政府“挑选赢家”）可以看作是失败之举，但是真正理解政府在这项计划中的表现时，应突破简单化的成本-收益分析，全面考虑投资协和式飞机产生的整体溢出效应——有形的和无形的。我们这样做了吗？没有。然而大多数人都认同，这个投资项目是一大败笔。政府投资应被视为长期投资组合（马祖卡托，2015年），但是目前还没人这样做（这是我的在研项目的部分内容）。[①]

当然，政府的特别之处不仅体现在其任务上，还体现在政府用不同的工具和手段去履行使命。卡尔·波兰尼在其巨著《大转型》（*The Great Transformation*）中指出，政府创造了（推进而不只是助力）所有市场的大多数"资本家"以及"国家市场"（尽管地方市场和国际市场在资本主义出现之前早已存在）。资本主义经济一直从属于政府并受到政府政策变化的影响。因此，决策者不应心存幻想，认为"只要我们放手不管"，市场自身便能达到最佳运行状态。他们必须学会如何高效地使用各种工具和方法去塑造、创造市场，催生一些本来不会出现的成果。确保这些成果是我们需要的，这就越来越需要实现经济增长的方式不仅是智能的，而且是包容的和可持续的。

当然，我们也不要美化政府的能力，这一点也很重要。政府担心爆发核战，担心佛罗里达州沉没，担心石油资源枯竭，这些担心使得政府从事那些只有政府才能做的事情，如行使其职能制造货币并冒险将钱浪费在毫无意义的想法或解决方案上（如战争）。另外，政府也可以通过其他方式行使其独有的职责，利用其遍布全国的庞大的社会网络（这个网络由各类知识精英和商业精英构成）。我们知道，无论进展是否顺利，税收收入都会源源不断，因为政府终究是我们生活中的一股积极的强制力量，但是我们要确保这些网络由公正、分散的政府机构及选举制

① 马祖卡托和佩纳未发表的报告论文《挑选赢家：理论、实践及澄清事实》（*Picking winners: Theory, practice, and setting the record straight*）。

度掌控。正如斯特林（2014 年）所述：“像贫困、健康问题或环境破坏这类创新挑战越难突破，有效政策就越重要。这不是‘挑选赢家’的问题——充满不确定性的困境，由公共部门、私人部门和第三方共同面对。相反，这要求各方广泛参与、积极支持以创立最有成效的条件来决定赢取的价值。”

如果严格依照凯恩斯的观点，那么政府就有可能在平衡账户时资助废弃的煤矿以期获得收益。前面章节提道，史蒂夫·乔布斯认为，在推动技术进步和寻求社会问题解决方案时，政府应“求真若愚”。政府不论以国家安全的名义（想象出一个新“威胁”）或以气候变化的名义（或常说的“能源依赖”）投资因特网或清洁能源，都能够推进投资，其投资规模及政策工具（如税收制度、监管措施）是企业根本无法企及的。如果企业投资新技术的最大障碍是企业不会投资那些能够为“公共产品”带来收益的技术（因为企业无法获得创造出的部分价值），那么政府投资便很关键——政府关注的是如何将这些投资转变为未来的经济增长。“精明”的企业将无法生存下去，因为它们都精于盘算产品开发及进入新市场的风险。苹果公司取得成功并非因其能够创造新奇的技术，而是得益于其设计、运营及组织能力，整合、推广和销售那些容易实现的技术。相反，政府的一大优势是灵活性强，它在“傻乎乎”地进行技术投资时却做到了目标明确、针对性强。谁会猜到为确保核战争中通信畅通的技术成了全球最可靠的知识、通信及商业平台？当时不少人认为，将纳税人的数百万资金用于开发因特网，这难道不是“愚蠢”之举吗？

当前，我们需要一个更加切合实际的系统视角（system perspective），关注各类行为体的实际作用（而不是虚构的功能），以及行为体在风险布局中的相互关系。这种视角能够弥补知识鸿沟，能够解释政府投资如何催化、影响、关联商业组织的成长以广泛创造新技术。例如，认为清洁技术中资本密集度高、风险大的领域将由风险资本引领，或由规模小、结构不合理的绿色投资银行助推，这种想法就不切实际。开发清洁能源不仅需要政府发挥引领作用，而且要政府持续地支持过渡性的新技术直到产业成熟，直到成本及性能赶上或超过现有主导技术（如化石能源）。新行业的发展历程告诉我们，私人投资往往会对政府主导的早期高风险投资持观望态度。事实上，在催生新产业、推进旧产业中的特定领域转型升级（如当今的激进药物）过程中，政府资助确实化解了大多数实际风险，大大减少了不确定性。然而，政府的这些“革命性”投资产生的收益却绝大部分被私有化了。这种现象在制药业特别明显，纳税人的钱催生的新药通常都太贵，普通人根本买不起（瓦拉斯等，2011 年）。其他高科技领域也是如此，苹果公司这类企业从政府资助直接或间接地获取了巨大收益，却想方设法偷税漏税（马祖卡托，2013 年）。

从上述分析中，我们可以得到三大启示。

第一，“创新型政府”不能停留在讨论阶段。我们必须打造创新型政府——关注政府中有助于催生可持续发展战略的各种具体制度和组织，“欢迎”这个过程中的一些不可避免的失败（马祖卡托，2014 年）。其实，欧元区发展最弱的国家在当前看似“烧钱”却潜力巨大的领域投资最少，这种现象并非巧合。这些领域包括研发领域和人力资本领域。虽然“治理”一词通常被用作市场改革的理由，实际上，治理还应包括如何整合专业知识，形成投资高增长、高风险领域的意愿。任何在私人部门工作过的人都知道，“官僚型”、缺乏活力的企业无所不在；公共部门的创新活力并不是天生不如私人部门的；鼓励公共部门改革创新同样要考虑到组织活力。然而，大多数战略管理和组织变革方面的专家都认为公共部门无法成为一股内部的创新动力，所以他们更加关注私人部门。这导致公共部门只能努力“创造条件”在“革命性的”私人部门催生创新。如前所述，这形成了一个自我应验的预言：最优秀的青年才俊认为，在高盛集团或谷歌公司工作更有意义，而不是在国家投资银行或部委做推动创新的工作。解决这个问题的唯一办法是提高政府的地位，塑造积极正面的政府形象。欧元区危机给我们带来很多启示：通过“财政协定”给几个最弱的国家提供条件，这些条件不应减少公共部门的支出，而应激励政府加大力度资助教育及研发等关键领域；这些条件从内部改变了公共部门的职能，使其战略性更强，更能发挥人们的才干。虽然这样做似乎很困难，但这总比推行紧缩财政政策破坏那些较弱的国家的社会经济结构和削弱它们的未来竞争力要好得多。

第二，如果要求政府在充满不确定性的世界里勇敢探索——盈利和亏损不可避免（私人风险资本也有这个特点），那么当产生盈利时（优势）也该获得收益以弥补损失（劣势），只有这样做才是对的。也就是说，虽然政府不应期望从教育和医疗这类公共产品支出中获得经济收益，但政府的高风险投资却与此不同——正因为失败率太高，应允许政府获得直接收益。政府投资获取的盈利被用来弥补投资失败造成的损失并资助未来投资（不可预测）。然而，金融业收益私有化、损失社会化已被认为是经济低效、社会不公的表现（亚历桑德里和霍尔丹，2009年）。实体经济中的新技术企业和需要外部投资实现转型的企业也存在同样不对等的问题，却没有引起关注。风险-收益关系更清晰不仅增加了政府收入（在公共部门预算紧张时），而且让纳税人更清楚地看到投资收益，有助于提升投资所需的政治支持的力度，从而促进经济的长期发展。

第三，本书专注于分析政府在充满风险的创新过程中发挥了什么作用——政府勇于承担风险、积极推动创新，而不是为私人部门去风险和纠正市场失灵。这种分析对那些针对创新“生态系统”中其他行为体的政策可能具有更好的指导意义。这种指导很重要，因为正如第二章讨论“误区”时提到的那样，削弱政府的作用其实夸大了其他行为体的作用——从初创型企业到风险资本家和股东。因此，如果我们认识到创新“生态系统”中的不同行为体发挥的不同作用——与风险长期相伴，那么对于那些作用被过分夸大的、迎合公众需求的行为体来说，便更难要求政府给予援助和补贴。附录中列举了以一种更务实的方式对待这个“生态政府”（以英国为例）可节省开支的清单——基于我们对不同行为体的认识出台政策而不是基于相关的误区。

我们所处的时代，政府职能正被弱化：公共服务被外包出去，政府预算被削减，畏惧而不是勇敢地决定国家的各种战略。这种变化是以使市场竞争力更强、活力更足为名义的。本书公开呼吁改变我们谈论政府的方式——政府在经济发展中的作用以及我们用来描述政府作用时所用的形象和观点。只有这样，我们才能建设一个符合我们心愿的社会，一个留给子孙的美好社会。排除对政府的各种错误观念，认识到如果政府以使命驱动、组织有力的方式参与创新投资，便能解决许多复杂难题，如登月、解决气候变化问题等。通过对愿景及特定政策工具的分析，我们有理由相信：基础投资带来的经济增长不仅是智能的，还是包容的。

附　录

这是一份关于英国经济政策建议的清单，最早收录在 2011 年版的《创新型政府》浓缩精华本中。

1. 削减政府直接向小企业的转移支出，比如减轻小企业税负和继承税。这是一种节省开支的方式。

2. 正如政府所指出的，如果小企业研发项目[①]要更好地发挥作用，它就必须以某种方式促使这些小企业把资金用在研发新技术上。为此，政府必须加大其所资助项目的融资力度（目前的情况是这种融资被严重稀释），集中力量来支持这些能够证明自己会创新的企业。这是一种中性支出。

3. 放弃征收全英专利税的想法（专利税收优惠政策），因为这并不会促进创新，而且根据英国财政研究所的说法，这也并不会及时促成更多税收收入。这是一种节省开支的方式。

4. 建立研发投入信用审查机制，这是为了确保受资助的企业能够负

① 英国小企业研发项目由英国技术战略委员会（UK Technology Strategy Board）负责实施，主要目的是向中小企业提供资助，效仿的是第四章所探讨的美国的小型企业创新研究计划。

责任地把钱用在创新活动上，并且把空余的资金从创新失败的项目直接转移到需要技术更新的项目上来。这是一种潜在的节省开支的方式。

5. 当企业开发区（其中的企业能享受政策支持和税收优惠）不能促进创新活动（在其他地方也无法实现）时，就是一种资源的消耗和浪费，最好用其他的方式来替代它。这是一种节省开支的方式。

6. 政府资助一旦获益，其投入的部分理应获得相应的回报。这是一种潜在的节省开支的方式。

7. 把这些节省的资源投入技术战略委员会[①]所赞助的大量项目之中，这与美国国防高级研究计划局的模式（通过自下而上、政府引导的网络机构直接资助研究、发展、产业化等创新活动）相一致，与英国工业联合会（Confederation of British Industry，简称 CBI）的建议相一致（2006年）。这需要更加透明的资助决策和更加明晰的审计手段（唯有如此，才能覆盖那些失败的领域）。这会增加支出。

8. 采用一种更加积极主动的、主张进行干涉的路径来推动绿色技术创新，这能大大增强英国特有的优势。这会增加支出。

9. 任何私人股权投资的时限，在其销售所得能够抵免在英国缴纳的资本所得税的前提下，至少为 5 年（目前仅为 2 年，2002 年以前是 10 年）。这将有助于防止绿色技术领域出现“拿钱跑路”的情况，因为很多生物技术企业仍然是没有生产的。这是一种节省开支的方式。

10. 在绿色技术领域需要技术突破的时候，短期主义是一个极其严重的问题，这也是为什么风险投资以及其他形式的股权投资不能扮演引领角色的原因。如果缺少私人投资，那么英国政府应该主动介入并承担相应的绿色投入，仅仅依靠绿色投资银行是不够的。这会增加支出。

---

① 技术战略委员会最近更名为创新英国（Innovate UK），是英国政府的一个创新机构。

译后记

创新是政府和企业的永恒使命

放眼当今世界，要说有哪件事是政府、企业、个人都非常关注、念兹在兹的，一定非“创新”莫属。最近火爆国内外的中国首部世界级科幻大片《流浪地球》，一下子吸引了无数人的眼球，打开了无数人的脑洞，原来创新是这样无所不在的。这是一个创新的时代，唯有不断创新，才不会辜负这个时代。

建设创新型国家，是习近平新时代中国特色社会主义思想的重要内容。2014 年 6 月 9 日，习近平总书记在中国科学院第十七次院士大会、中国工程院第十二次院士大会开幕会的重要讲话中强调：“要坚定不移走中国特色自主创新道路，坚持自主创新、重点跨越、支撑发展、引领未来的方针，加快创新型国家建设步伐。”我们推进创新型国家建设，要牢牢把握好“三个最”，即：最根本的是要增强自主创新能力，最紧迫的是要破除体制机制障碍，最大限度地解放和激发科技作为第一生产力所蕴藏的巨大潜能。

《创新型政府》一书，是当代西方著名创新经济学家马祖卡托教授的代表作，集中反映了她对当代创新经济学的深刻洞见。这本书在欧美经济学界享有很高的知名度，近年来一版再版，在中国也受到持续而广泛的关注。2017 年 6 月，清华大学举办了题为“使命驱动型创新与 21 世纪的重大挑战”的学术报告会，专题研讨马祖卡托教授的创新经济学思想。难能可贵的是，在西方主流经济学家中，马祖卡托教授对国家或政府在创新活动中不可替代、不可或缺的地位和作用给予了前所未有的重视。马祖卡托教授一针见血地指出，美国这么多年的一个重要做法就是政府深度介入科技创新活动，而这与美国口口声声所宣称的“小政府大市场”恰恰是大相径庭的，换句话说，美国人其实是在闷声发大财。所以她提醒我们，不仅要听其言，更要观其行。

马祖卡托教授是一位很有洞见的西方经济学者，她较早就认识到了中国科技创新模式的独特魅力。虽然本书主要是从欧美国家的实际问题出发，并力求提出有关方案，但马祖卡托在书中用了大量的笔墨来介绍中国是如何取得科技创新成功的，强调正是由于中国政府的强有力推动，尤其是对科技型企业的大力扶持，中国的经济和科技发展才取得了举世瞩目的成就。尽管马祖卡托教授并没有明确提及“举国体制”这个概念，但毫无疑问，她对中国政府在创新活动中所扮演的角色是有深刻的认识的。

企业毫无疑问是最重要的创新主体之一，但单靠企业自身去推进科技创新，显然是心有余而力不足的，这就需要政府发挥更好的引领作用。在科技创新活动中，我们已经形成了“举国体制”这一重要法宝，系统推进科技创新和企业发展，精准聚焦，持续用力，久久为功，这也是我们为世界贡献的中国方案。要明确的是，“举国体制”与市场机制并不冲突，两者是相辅相成、相互促进的。不能一提“举国体制”，就以为是要限制或者背离市场的决定性作用，这不是马克思主义辩证法。可以说，马祖卡托教授这本书正是对建设创新型国家和探索建立新型“举国体制”的一个生动注解。

之所以有机缘译介《创新型政府》，要感谢中信出版集团王宏静女士的慧眼识珠。我们都有一个共识，就是要把西方关于创新经济学的真知灼见赶紧“拿来”，为我所用。译者因为工作的需要，长期从事经济、科技、人才等领域的相关工作，一直关注包括从熊彼特到马祖卡托等在内的西方创新经济学家的洞见。建设创新型国家是一项系统工程，具体的体制机制建构必须精益求精，欧美国家的一些好的做法和经验值得借鉴。

本书的一个鲜明特点就是马祖卡托教授对于如何建设创新型政府、政府如何介入创新活动、公共部门与私人部门之间究竟是什么关系等，都有非常严谨的逻辑分析和实证分析。虽然书中提到的关于尚德的个案可能已经时过境迁，但“病树前头万木春”，这些领域的最新进展恰恰更令人信服。相信书中的很多观点可以作为“它山之石”，对于我们加快推进创新型国家建设一定会起到有益的借鉴作用。

李磊

于京西自得园

2019 年 2 月 27 日